FAHRZEUG-REKORDE

Die Originalausgabe ist bei
Carlton Books Limited erschienen

Titel der Originalausgabe:
Mega Machine Record Breakers

Autor: Anne Rooney
Lektorat: Anna Bowles
Design: Tall Tree
Umschlag: Jake da 'Costa
Herstellung: Ena Matagic

Aus dem Englischen
von Burkhard Schäfer
Textlektorat: Ulrike Hauswaldt

ISBN 978-3-8458-0511-5

Printed in Dubai

FAHR-ZEUG REKORDE

Anne Rooney

arsEdition

A380
A380 AIRBUS
CAT
797
513

Inhalt

Fahrzeug-Rekorde

Immer neue Rekorde

Rekordbrecher

Jahrtausendelang waren galoppierende Pferde das schnellste Fortbewegungsmittel, von Tieren gezogene Karren, Kutschen und Schlitten die schnellsten Fahrzeuge. Einen Kontinent zu durchqueren, dauerte Monate.

Maschinen und Motoren gab es noch nicht. Doch vor etwa 250 Jahren begann eine technische Revolution, die uns Züge, Autos, Motorräder, Flugzeuge, Hubschrauber, Unterseeboote, schwere Lastwagen, Achterbahnen und noch vieles mehr bescherte.

In Bewegung

Die ersten von Maschinen angetriebenen Fahrzeuge waren Eisenbahnen. Mit brennender Kohle wurde Wasser erhitzt und Dampf erzeugt. Der Dampf trieb unter hohem Druck eine Maschine an, die die Räder der Lokomotive in Drehung versetzte. Später dienten Strom und Dieselmotoren als Antrieb. Hochgeschwindigkeitszüge erreichen heute über 300 km/h, Magnetschwebezüge sogar über 400 km/h.

Der Zefiro 380 kann beachtliche 380 km/h Höchstgeschwindigkeit erreichen.

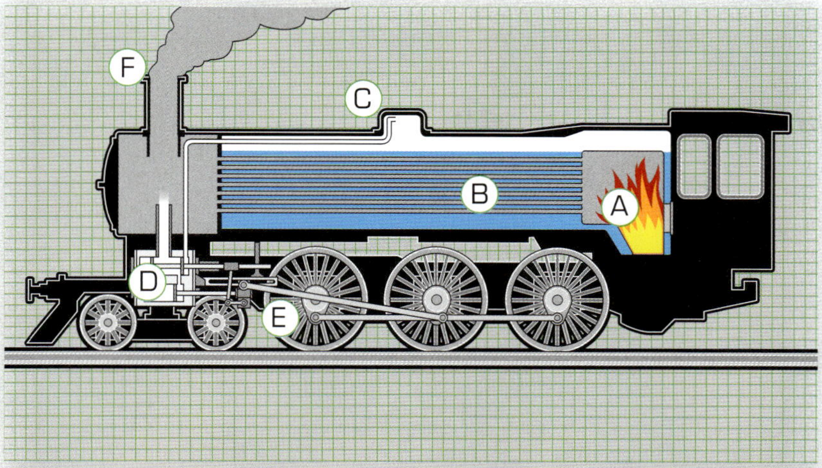

Dampflokomotive

Heiße Rauchgase der in der Feuerbüchse (A) brennenden Kohle werden in Rohren durch den Kessel (B) geleitet. Das Wasser im Kessel wird zu Dampf, der sich im Dampfdom (C) sammelt. Der Dampf gelangt in die Zylinder (D) und treibt dort einen Kolben an. Die Bewegung des Kolbens wird über die Treibstange (E) auf die Kuppelstange und die Räder übertragen. Der verbrauchte, »entspannte« Abdampf und die durch den Kessel geleiteten Rauchgase entweichen durch den Schornstein (F).

Bei stromlinienförmigen Formel-1-Autos zählt nur hohe Geschwindigkeit.

Motoren für jedermann

Die Eisenbahn befördert viele Menschen – aber nur dorthin, wo der Zug hinfährt. Erst Autos und Motorräder mit Verbrennungsmotoren ermöglichten die Fahrt zu beliebigen Zielen. Diese Motoren verbrennen eine Flüssigkeit wie Benzin oder Diesel oder auch Gas. Die schnellsten Autos erreichen über 400 km/h.

Weltraumraketen müssen eine Menge Treibstoff verbrennen, um abzuheben.

Abgehoben

Schnelle Autos sollen nicht von der Straße abheben. Aber mit Motoren kann man auch fliegen. In den Strahltriebwerken schneller, leistungsstarker Flugzeuge werden die Abgase, die bei der Verbrennung des Treibstoffs entstehen, hinten aus dem Triebwerk gepresst und treiben so das Flugzeug voran. Ganz ähnlich funktionieren die Triebwerke von Weltraumraketen.

Riesige und winzige Motoren

Monster-Maschine

Motorgetriebene Fahrzeuge, das sind gewaltige Supertanker ebenso wie winzige, faltbare Motorräder, superschnelle Raketen und langsame, aber riesige Baumaschinen und Kipper.

Die größten Dieselmotoren der Welt treiben Schiffe an – große Supertanker, Frachter oder Kreuzfahrtschiffe. Der Wärtsilä-Sulzer RTA96-C ist ein aufgeladener Zweitakt-Dieselmotor für Containerschiffe. In der größten Ausführung mit 14 Zylindern ist er 13,5 m hoch und 27,3 m lang, er wiegt über 2300 Tonnen und gibt 80 080 kW Leistung ab.

Antriebsarten

Da das Verbrennen von Öl und Kohle der Umwelt schadet, untersuchen Ingenieure auch andere Antriebsarten. Manche Fahrzeuge werden durch Strom angetrieben, der z. B. durch Sonnenlicht, Windkraft oder Brennstoffzellen erzeugt wird; andere durch Biokraftstoffe, die aus Pflanzenresten hergestellt werden.

Das Pratt & Whitney F100 ist ein mächtiges Flugzeugtriebwerk.

Der Motor ist so hoch wie ein dreistöckiges Haus. Ohne Treppe kommt man nicht hinauf.

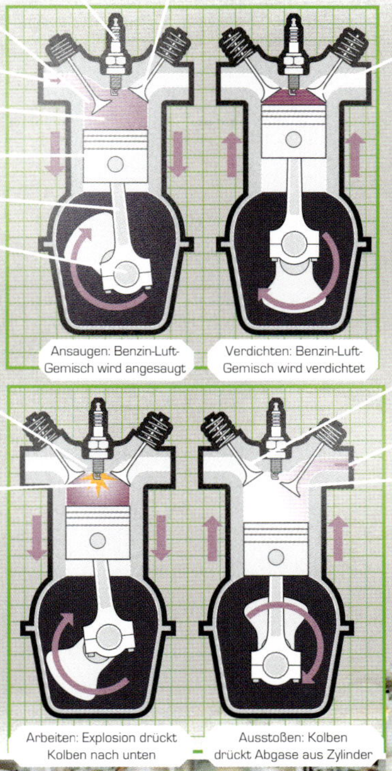

Verbrennungs-motoren

Die meisten Autos und Motorräder haben diese Antriebsart. In den geschlossenen Kammern des Motors finden kleine Explosionen statt. Ein Kraftstoff, z. B. Benzin, wird mit Luft gemischt in einem Zylinder verdichtet. Ein Funke entzündet das Gemisch. Es verbrennt explosionsartig, dehnt sich aus und drückt den Kolben ans andere Zylinderende. Die Kolbenbewegung wird auf eine Kurbelwelle übertragen. Der Kolben läuft im Zylinder rasch auf und ab, weil der Motor die einzelnen Arbeitstakte ständig wiederholt.

In den 12 Zylindern laufen mächtige Kolben auf und ab, deren Bewegungen zum Schiffsantrieb genutzt werden.

Von den Galerien aus haben die Techniker sicheren Zugang zu dem gewaltigen Motor.

Mikro-maschinen

Die kleinsten Motoren findet man in winzigen unbemannten Mini-Flugzeugen oder hubschrauberartigen »Drohnen«, die zur Überwachung verwendet werden. Die allerkleinsten sind batteriegetrieben. Der indische Tata Nano hat mit 624 cm³ Hubraum den kleinsten in Serie gebauten Verbrennungsmotor. Damit erreicht der Nano bis zu 105 km/h.

Schlaues Fahrrad

Factor 001

Ein Fahrrad ist eine fein abgestimmte Maschine, die am besten funktioniert, wenn sie sehr leicht und windschlüpfig ist und leichtgängige Teile hat. Aber manche Fahrräder sind schlauer als andere.

Das mit GPS, Hydraulik und Elektronik ausgestattete Factor 001 kann Körpertemperatur und Herzschlag des Fahrers messen und die Belastung jedes Beins ermitteln. Sechs Techniker montieren das speziell auf den Kunden abgestimmte Factor 001 in einer Woche.

Schnelle Räder

Mit einem der schnellsten Fahrräder, dem Lotus 108, benötigte Chris Boardman bei der Olympiade 1992 in Barcelona für 4 km nur etwas über vier Minuten – ein Durchschnitt von fast 60 km/h. Mit dem Scheibenrad hinten, dem Dreispeichenrad vorn und dem sehr tief angebrachten Lenker bieten Fahrrad und Fahrer wenig Luftwiderstand.

Schnelles Rad, schneller Fahrer: Chris Boardman 1992

Factor 001

Jahr	2009
Geschwindigkeit	113 km/h
Hersteller	Beru f1 Systems
Gewicht	7 kg
Preis	ca. 25 500 Euro

Handbike

Spezialkonstruktionen für Fahrer mit Behinderungen werden mit den Armen statt mit den Beinen angetrieben. Aus Stabilitätsgründen haben sie in der Regel drei Räder. Der Antrieb über Handkurbeln oder über einen Zugmechanismus erfordert ebenso viel Kraft wie ein normales Fahrrad.

Muskelkraft

Auch Fahrräder sind Maschinen: Statt mit Benzin oder Diesel werden sie von Menschen angetrieben! Der Kraftstoff für dein Fahrrad ist die aufgenommene Nahrung, die die Muskeln in mechanische Energie umwandeln. Ein Bahnradfahrer setzt beim Rennen fast 3 kW Energie um.

Raffiniertes Motorrad

Uno

Motorräder stellen wir uns immer groß und leistungsstark vor, doch es gibt auch raffinierte kleine. Das elektrisch angetriebene Uno sieht wie ein halbes Motorrad aus. Seine Batterie wird an der Steckdose aufgeladen. Damit ist es leise, umweltfreundlich und kostengünstig.

Bei der Version Uno III klappt bei höheren Geschwindigkeiten während der Fahrt ein drittes Zusatzrad herunter, die beiden großen Räder rücken dichter zusammen. Damit wird aus dem Uno III ein normales Motorrad. Der Erfinder nennt es »den ersten echten Transformer«.

Falt-Motorrad

Das YikeBike ist ein Motorrad mit großem Vorderrad und kleinem Hinterrad. Es verwandelt sich noch mehr als das Uno: von rechts, fahrbereit, zu links, zusammengeklappt, sodass man es bequem als Paket im Kofferraum eines Autos oder im Zug transportieren kann. Angetrieben wird das YikeBike von einem Elektromotor, eine Batterieladung reicht für 10 km Fahrt. Die Höchstgeschwindigkeit liegt bei 23 km/h.

Der stabile, leichte Rahmen aus Kohlenstofffaser und Aluminium macht das Yike tragbar.

Rennzwerge

Diese »Taschenmotorräder« sind mit etwa 50 cm Höhe und 1 m Länge winzig. Die meisten haben einen Zweitaktmotor mit 39–50 cm^3 Hubraum. Die kleinsten können bis zu 40 km/h erreichen, dürfen aber nicht auf der Straße fahren.

Der kurze Rahmen sorgt für gute Handlichkeit und ermöglicht einen kleinen Wendekreis.

Lehnt sich der Fahrer vor, beschleunigt das kreiselstabilisierte Gefährt; lehnt er sich zurück, bremst es.

Zwei Räder dicht nebeneinander sehen von der Seite wie ein Rad aus.

Uno

Jahr	2009
Geschwindigkeit	40 km/h
Gewicht	58 kg
Energieverbrauch	3–4 h Ladezeit für 50 km
Antrieb	elektrisch

Die schnellste Maschine auf zwei Rädern

Top 1 Ack Attack

Nicht alle Fahrzeuge sind für die Straße gedacht. Das schnellste Zweirad der Welt, das Top 1 Ack Attack, wurde extra dafür entwickelt, den Geschwindigkeitsweltrekord für Motorräder zu brechen.

Das Ack Attack sieht gar nicht wie ein Motorrad aus, weil es vollständig verkleidet ist, um der Luft möglichst wenig Widerstand zu leisten. 2010 wurde damit auf dem Bonneville-Salzsee in Utah, USA, mit 605,697 km/h ein neuer Weltrekord aufgestellt.

Drag-Rennmotorräder

Drag-Motorräder sind allein auf Geschwindigkeit ausgerichtet. Sie sind »tiefergelegt«, um die Bodenhaftung zu erhöhen, spezielle Auspuffrohre verleihen dem Motorrad mehr »Kick«. Die Rennen gehen über 402 m (eine Viertelmeile) und dauern nur wenige Sekunden. Die Fahrer müssen dabei blitzschnell reagieren und Geschwindigkeit, Leistung und Bodenhaftung im Griff haben. Es fahren immer zwei Motorräder um die Wette und der Sieger darf weitermachen.

Straßen-renner

Das Ack Attack darf nicht auf der Straße fahren, das schnellste Serienmotorrad Suzuki Hayabusa dagegen schon. Mit einem 1299-cm³-Motor, der 128,4 kW leistet, erreicht es 303 km/h. In Europa wird es kein schnelleres Motorrad mehr geben, weil nach neuen Bestimmungen Motorräder elektronisch so »abgeregelt« werden, dass sie nicht schneller als 300 km/h fahren können.

Die Hayabusa kann in 13,1 Sekunden auf 300 km/h beschleunigen.

Was macht ein Motorrad schnell?

Ein starker Motor allein reicht für schnelles Fahren nicht. Das Fahrzeug muss auch eine Stromlinienform haben, die sich ohne hervorstehende, Widerstand erzeugende Teile leicht durch die Luft (oder bei Booten durch das Wasser) bewegen lässt. Bei einem Motorrad oder Fahrrad spielt auch die Sitzhaltung eine Rolle: Ein aufrecht sitzender Fahrer erhöht den Luftwiderstand. Daher ducken sich Rennfahrer bis fast auf den Lenker.

Top 1 Ack Attack

Jahr	2010
Gewicht	727 kg
Höchstgeschwindigkeit	605,697 km/h
Leistung	671 kW
Motor	2600 cm³, zwei Hayabusa-Motoren mit Turbolader

Verkleidung aus Kohlefaser auf Chrom-Molybdän-Rahmen

Robustes Quad

Yamaha Raptor 700R

Solche Quads haben viermal die Rallye Dakar gewonnen. Die längste Rallye der Welt führt jedes Jahr durch fast 10 000 km schwieriges Gelände.

Die geländegängigen Quads sind eine Mischung aus Motorrad und Auto. Sie haben vier Räder, aber nur Platz für den Fahrer. Sie haben einen Lenker, jedoch weder Dach noch Überrollbügel. Gedacht sind sie für raues Gelände; extreme Quad-Rallyes führen durch Wüsten, Schlamm, über Hügel oder Eis und Schnee.

Dicker Brummer

Das größte Quad der Welt ist das Can Am Outlander 1000. Mit einem 976-cm³-Motor mit 60,3 kW Leistung und langen Federbeinen kommt es auch in schwierigstem Gelände durch. Die Airbox liegt besonders hoch, um zu verhindern, dass zu viel Wasser, Schlamm und Sand angesaugt werden. Luftfilter reinigen die Luft, bevor sie zum Motor gelangt. Eine Motorbremse hilft bergab beim Verzögern, damit das Quad nicht unkontrolliert beschleunigen kann.

Bis zu 25 cm Federweg schlucken Buckel und Schlaglöcher.

Stahl und Aluminium machen das Chassis besonders stabil.

Springende Quads

Mit einem Quad kann man nicht nur durch Schlamm preschen, sondern auch fliegen. Den mit 53,92 m weitesten Quad-Sprung von einer Rampe aus absolvierte der Amerikaner Jon Guetter 2008 in Australien.

Mit dem auf Drehmoment ausgelegten 686-cm³-Viertaktmotor ist das Raptor fahrstabil und leicht handhabbar.

Yamaha Raptor 700R

Jahr	2006–2012
Gewicht	191 kg
Motor	686 cm³, Viertakt

Drehmoment

Das Drehmoment (in Nm) gibt die Kraft an, mit der sich die Räder eines Fahrzeugs drehen lassen. Dagegen ist die Motorleistung (in kW, früher in PS) ein Maß für die Stärke des Motors. Bei Fahrzeugen, die in schwierigem, unebenem Gelände fahren, müssen die Räder mit ausreichend Kraft gedreht werden, um steile Hänge erklimmen zu können. Ein Quad benötigt also bei niedrigen Motordrehzahlen ein hohes Drehmoment, um überall voranzukommen.

Riesen-Rad

Monster Motorbike

Das »Monster Motorbike« wiegt 13,6 Tonnen und ist 3 m hoch. Ray Baumann, der das Ungetüm in Perth, Australien, gebaut hat, führt damit Stunts vor: Er zermalmt Autos und Wohnwagen.

Der Dieselmotor ist eigentlich für einen großen Lkw gedacht. Auch das Automatikgetriebe stammt aus einem Lkw, das Differenzial aus einer Zugmaschine. Gemeinsam treiben sie die zwei Ketten am Hinterrad an.

Das Größte auf dem Markt

Das größte Serienmotorrad ist die Boss Hoss BHC-3 502 Big Block. Boss-Motorräder sind mit Chevrolet-V8-Motoren mit 8226 cm³ (8,2 Litern) Hubraum ausgestattet. Aber was heißt eigentlich »das Größte«: leistungsstärkster Motor oder größte Abmessungen? Denn die Leonhardt Gunbus 410 hat mit 6728 cm³ zwar den kleineren Motor, wiegt aber 650 kg; die Boss Hoss »nur« rund 500 kg.

Monster Motorbike

Jahr	2008
Gewicht	13,6 Tonnen
Abmessungen	9,14 m lang, 3 m hoch
Motor	Detroit Diesel (Lkw-Motor)

»Heavy Metal«

Das schwerste Motorrad der Welt ist mit 4749 kg das »Panzerbike« der Harzer Bike-Schmiede. Tilo und Wilfried Niebel bauten es mit einigen Technikern und Schweißern in 5000 Arbeitsstunden um einen alten russischen Panzermotor herum. Es ist 5,28 m lang und 2,29 m hoch.

Gleichgewicht

Unter dem 1180 kg schweren Ölwannenschutz sitzt noch eine 2,5 cm dicke und 1200 kg schwere Metallplatte. Damit liegt der Schwerpunkt bei nur 12,5 cm Bodenfreiheit sehr tief und verhindert ein Umkippen.

Schneller Sportwagen

Bugatti Veyron

Mit 431 km/h Höchstgeschwindigkeit ist der Bugatti Veyron Super Sport das schnellste Serienauto der Welt mit Straßenzulassung. Besondere Einrichtungen verhindern, dass der luxuriöse Supersportwagen bei hohen Geschwindigkeiten abhebt!

Automobiljournalisten haben den Veyron als »das großartigste je gebaute Auto und das großartigste, das wir in unserem Leben sehen werden« bezeichnet. Legal ausfahren kann man dieses Auto nur in Ländern ohne Geschwindigkeitsbegrenzung.

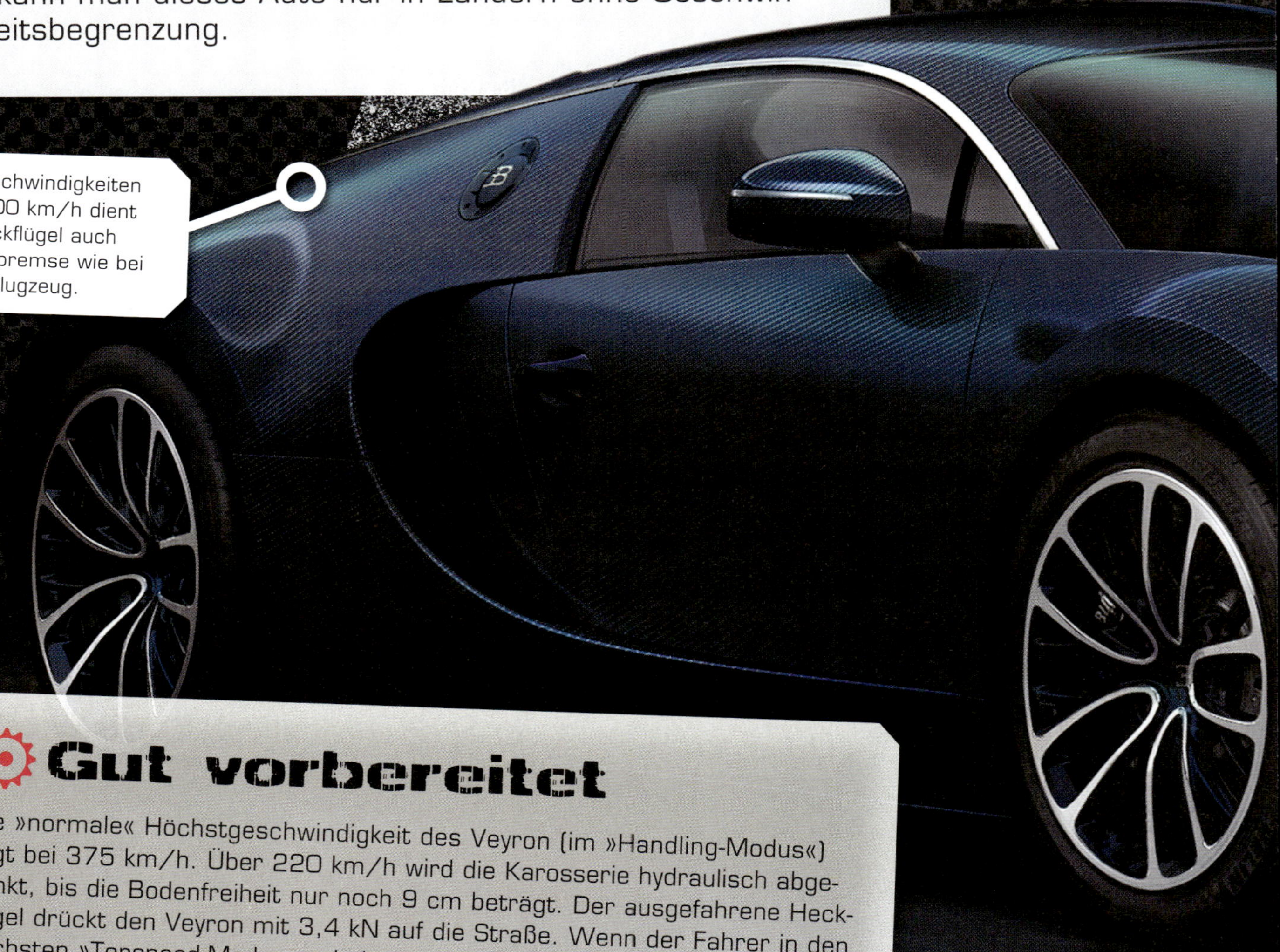

Gut vorbereitet

Die »normale« Höchstgeschwindigkeit des Veyron (im »Handling-Modus«) liegt bei 375 km/h. Über 220 km/h wird die Karosserie hydraulisch abgesenkt, bis die Bodenfreiheit nur noch 9 cm beträgt. Der ausgefahrene Heckflügel drückt den Veyron mit 3,4 kN auf die Straße. Wenn der Fahrer in den höchsten »Topspeed-Modus« schaltet, wird automatisch geprüft, ob Fahrer und Auto bereit sind. Dann fährt der Heckflügel bündig ein, die vorderen Diffusorklappen schließen sich und die Bodenfreiheit sinkt auf 6,5 cm vorn und 7 cm hinten.

Kraftpaket

Der Veyron hat einen 16-Zylinder-W-Motor mit 8 Litern Hubraum und vier Turboladern. Das entspricht zwei nebeneinander eingebauten V8-Motoren. Bei einem V8 liegen die acht Zylinder in zwei Reihen v-förmig nebeneinander. Alle Kolben wirken auf eine gemeinsame Kurbelwelle. Sie wandelt die geradlinige Auf-und-ab-Bewegung der Kolben in den Zylindern in eine Drehbewegung um.

Bugatti Veyron Super Sport

Jahr	2010
Gewicht	1888 kg
Höchstgeschwindigkeit	431 km/h
Beschleunigung	0–100 km/h in 2,5 Sekunden
Preis	1,3 Millionen Euro
Leistung	882 kW
Hubraum	7993 cm^3

Bei sehr hohen Geschwindigkeiten wird die Karosserie hydraulisch gesenkt, damit das Fahrzeug nicht durch Auftrieb abhebt.

Der W16-Motor besitzt vier Turbolader. Turbolader pressen Luft in den Motor, damit die Verbrennung schneller abläuft und mehr Leistung erzeugt wird.

Beliebtes Auto

VW Käfer

Von dem am meisten gebauten Auto aller Zeiten wurden in 65 Jahren über 21,5 Millionen Stück verkauft.

Der Käfer war als »Volkswagen« für jedermann gedacht. 1933 beauftragte die damalige deutsche Regierung Ferdinand Porsche, ein wirtschaftliches Auto zu entwickeln, das zwei Erwachsene und drei Kinder mit 100 km/h befördern konnte. Noch vor Aufnahme der Serienfertigung begann der Zweite Weltkrieg. Die ersten zivilen Käfer wurden erst 1946 ausgeliefert.

Der Motor im Heck an der angetriebenen Hinterachse und der Kofferraum vorne waren damals so ungewöhnlich wie heute.

Erstes in Großserie gebautes Auto

Das erste wirklich erschwingliche Auto war das Ford Modell T, von dem in den USA von 1908 bis 1927 über 15 Millionen entstanden. Weil es als erstes Auto am Fließband montiert wurde und dabei jeder Arbeiter nur eine Aufgabe ausführte, war bereits alle 15 Minuten ein Auto fertig. Der 2900-cm³-Motor leistete 15 kW, womit das Modell T 64–72 km/h erreichte. Die ersten Ausführungen wurden noch mit einer Handkurbel angelassen.

Volkswagen Käfer

Jahr	1946
Höchstgeschwindigkeit	100 km/h
Leistung	18 kW
Hubraum	1131 cm³

Immer wieder überarbeitet

Der Käfer wurde immer wieder überarbeitet und nicht nur in Deutschland, sondern auch in vielen anderen Ländern gebaut. Die unverwechselbare Form und den Heckmotor behielt man jedoch bei. 1997 folgte der New Beetle, 2011 der Beetle. Bereits ab 1949 gab es serienmäßig ein Cabrio.

Von 1967 bis 2003 wurde der Käfer in Mexiko gebaut.

Der ursprüngliche Käfer war nahezu wasserdicht und konnte einige Minuten schwimmen.

»Jede Farbe, solange es Schwarz ist«

Das Ford Modell T gab es von 1914 bis 1925 nur in Schwarz, weil allein der Farbton »Japanschwarz« schnell genug trocknete, um für die 1914 eingeführte Fließbandmontage geeignet zu sein. Nach der Entwicklung besserer Lacke wurden auch andere Farbtöne lieferbar.

Einmann-auto

Peel P50

Das kleinste je in Serie gebaute Auto ist das Peel P50. Die Peel Engineering Company auf der Insel Man baute das Dreiradgefährt von 1962 bis 1965.

Mit dem seitlichen Zweitaktmotor mit 49 cm³ erreichte der P50 60 km/h. Er hatte keinen elektrischen Anlasser, sondern der Fahrer startete den Motor mit einer Kurbel. Der P50 konnte auf engstem Raum parken. Ohne Rückwärtsgang war es jedoch oft einfacher, ihn am hinteren Handgriff zu bewegen. Nur etwa 50 P50 wurden gebaut, 27 gibt es noch.

Ein Scheinwerfer, ein Scheibenwischer und eine Tür – Platz ist nur für »einen Erwachsenen und eine Einkaufstasche«.

Umgebautes Kinderauto

»Wind Up«, das kleinste fahrbare Auto aller Zeiten, hat der britische Ingenieur Perry Watkins 2009 gebaut. Es entstand aus einem Kinder-Fahrautomaten von »Postbote Pat«, ist 132 cm lang, 104 cm hoch und 66 cm breit. Unter der Kunststoffkarosserie mit Stahlrahmen verbirgt sich ein Mini-Quad mit einem 150-cm³-Motor.

Brennstoffzelle

Durch eine chemische Reaktion (»kalte Verbrennung«) kann man elektrischen Strom erzeugen. Positiv geladene Wasserstoffionen reagieren in der Brennstoffzelle mit Luftsauerstoff. Dabei entsteht als einziges Reaktionsprodukt Wasser. Die den Wasserstoffionen entsprechenden Elektronen lassen sich als Strom ableiten.

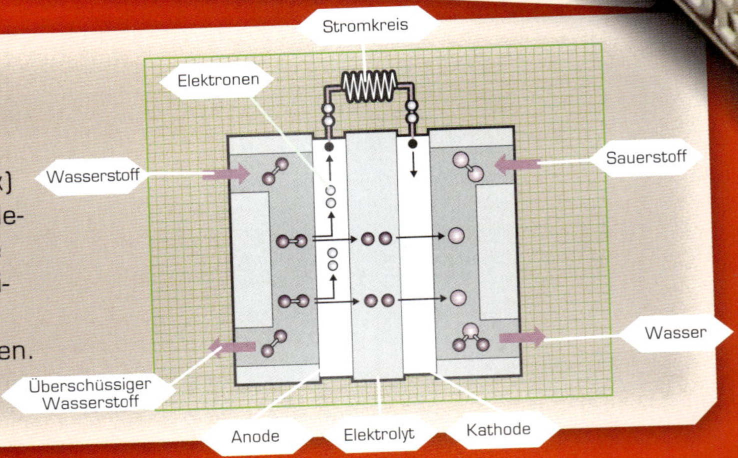

Die Kunststoffkarosserie gab es in Rot, Weiß oder Blau.

Peel P50

Gewicht	59 kg
Höchstgeschwindigkeit	60 km/h
Leistung	2,5 kW
Hubraum	49 cm³

Weil der P50 so leicht war, konnte man ihn auch ohne Rückwärtsgang am hinteren Griff wenden.

Klein und sparsam

Das sparsamste Auto ist das Versuchsfahrzeug PAC-Car II. Von einer Brennstoffzelle angetrieben, benötigt es pro 100 km nur 1 g Wasserstoff. Das entspricht 5385 km pro Liter Benzin! Mit dem Treibstoff, den eine Concorde nur bis zum Abheben verbrauchte, könnte das PAC-Car II dreimal die Erde umrunden.

Schnelle Renner

Top-Fuel-Dragster

Die schnellsten Rennwagen der Welt sind Top-Fuel-Dragster. Sie beschleunigen schneller als jedes andere Landfahrzeug und erreichen aus dem Stand in weniger als einer Sekunde 200 km/h.

Dragster-Rennen sind sehr kurz. Beim Start schlagen Flammen aus den Auspuffrohren, die Motoren heulen auf – und in fünf oder sechs Sekunden ist alles vorbei. Jeweils zwei Dragster treten gegeneinander an, der Sieger darf weitermachen. Das Ziel zu erreichen, ist nicht alles: Elektronisch wird die Reaktionszeit des Fahrers (wie lange er zum Start braucht) gemessen, die für die Strecke benötigte Zeit und die Höchstgeschwindigkeit. Wer am wenigsten Zeit braucht, gewinnt.

Auf die Plätze ...

Vor dem Start machen die Fahrer einen »Burn-out«. Sie lassen im Startbereich die Hinterräder durchdrehen, um die Reifen zu erwärmen. Dabei wird auf den Untergrund eine dünne Gummischicht aufgetragen, auf der die Reifen beim Start besser haften.

Beim Burn-out sorgt jeder Dragster für eine haftende Gummischicht.

Aufgemotzt

Bei Top-Fuel-Dragstern zählt allein die Geschwindigkeit. Von Amateuren gefahrene Dragster sind oft nicht nur schnell, sondern sehen auch verrückt aus.

Top-Fuel-Dragster

Höchstgeschwindigkeit	483 km/h
Beschleunigung	0–200 km/h in weniger als einer Sekunde
Leistung	5966 kW

Das Innenleben

Als Antrieb dient meistens ein V8-Motor mit Turbolader. Dieser presst verdichtete Luft in den Motor und erhöht dadurch die Leistung. Ein Dragster verbrennt pro Sekunde bis zu fünf Liter Raketentreibstoff (Nitromethan) und erreicht Beschleunigungen bis zur fünffachen Erdbeschleunigung! Der Treibstoff gelangt so schnell in die Zylinder, dass er nicht vollständig verbrennen kann und noch brennend aus den Auspuffrohren ausgestoßen wird.

Schnelle Trucks

Shockwave

Als schnellster Truck der Welt erreicht der von drei Flugzeug-Strahltriebwerken angetriebene »Shockwave« bis zu 605 km/h. Er kann damit gegen über ihm fliegende Jets gewinnen, mit denen er um die Wette fährt!

Die drei Triebwerke des Typs J34-48 treiben normalerweise Düsenflugzeuge an. Sie erzeugen so viel Schub, dass selbst der schwere »Shockwave« Gefahr läuft abzuheben. Die drei Triebwerke sind daher pyramidenförmig so angeordnet, dass sie den Truck auf den Boden pressen.

Von jedem Reifen »rasiert« man 38,5 kg Profil, damit er leichter wird und sich das Profil bei hoher Geschwindigkeit nicht ablöst.

Grün und sparsam

Ein Truck wie der »Shockwave« verbrennt eine Menge Treibstoff. Der Volvo »Mean Green« begeistert Truck-Fans dagegen mit erheblich geringerem Verbrauch. Er besteht aus Teilen eines normalen Volvo-Lastwagens, hat dazu aber einen hochgezüchteten D16-Motor sowie einen Elektromotor. So ein Hybridfahrzeug kombiniert Leistung aus einem herkömmlichen Benzin- oder Dieselmotor mit einer weiteren Antriebsart, in der Regel Strom. Beim »Mean Green« liefert der Elektromotor fast 10 % der Antriebsleistung. Der Truck kann 236 km/h erreichen.

»Mean Green« ist der schnellste Hybrid-Lastwagen der Welt.

Shockwave

Gewicht	3084 kg
Höchstgeschwindigkeit	605 km/h
Leistung	26 840 kW
Antrieb	drei J34-48-Flugzeugtriebwerke

Piezoelektrische Zünder an den Auspuffrohren entzünden nicht verbrannten Dieselkraftstoff und lassen dramatische Flammen entstehen.

Truck-Rennen

Die FIA (Fédération Internationale de l'Automobile) veranstaltet Truck-Rennen mit zweiachsigen Sattelzugmaschinen. Dabei erreichen die von 12-Liter-Turbodieselmotoren mit 894 kW angetriebenen, über 5500 kg schweren Trucks bis zu 160 km/h. Das Mindestgewicht verhindert, dass Standardteile durch leichtere ersetzt werden. Die Höchstgeschwindigkeit ist aus Sicherheitsgründen beschränkt, das Renngeschehen konzentriert sich daher auf das Überholen, besonders in Kurven, sowie das Zusammenspiel von Beschleunigen und Bremsen. Die Trucks sind gegenüber den Straßenfahrzeugen »getunt« und auf besonders schnelle Beschleunigung ausgelegt.

Die Strahltriebwerke verbrennen Dieselkraftstoff, allerdings in riesigen Mengen: pro Kilometer 500 Liter!

Weltrekord an Land

Thrust SSC

Das schnellste Landfahrzeug ist der Thrust SSC (Supersonic Car), der einzig und allein zum Aufstellen eines neuen Rekords gebaut wurde. Das gelang 1997 mit 1228 km/h.

Den Thrust SSC treiben zwei Turbostrahltriebwerke aus dem britischen Phantom-Kampfflugzeug an, er ähnelt daher mehr einem Flugzeug ohne Flügel als einem Auto. Die beiden Triebwerke erzeugen zusammen 223 kN Schub. Der Thrust SSC durchbrach als erstes Landfahrzeug die Schallmauer.

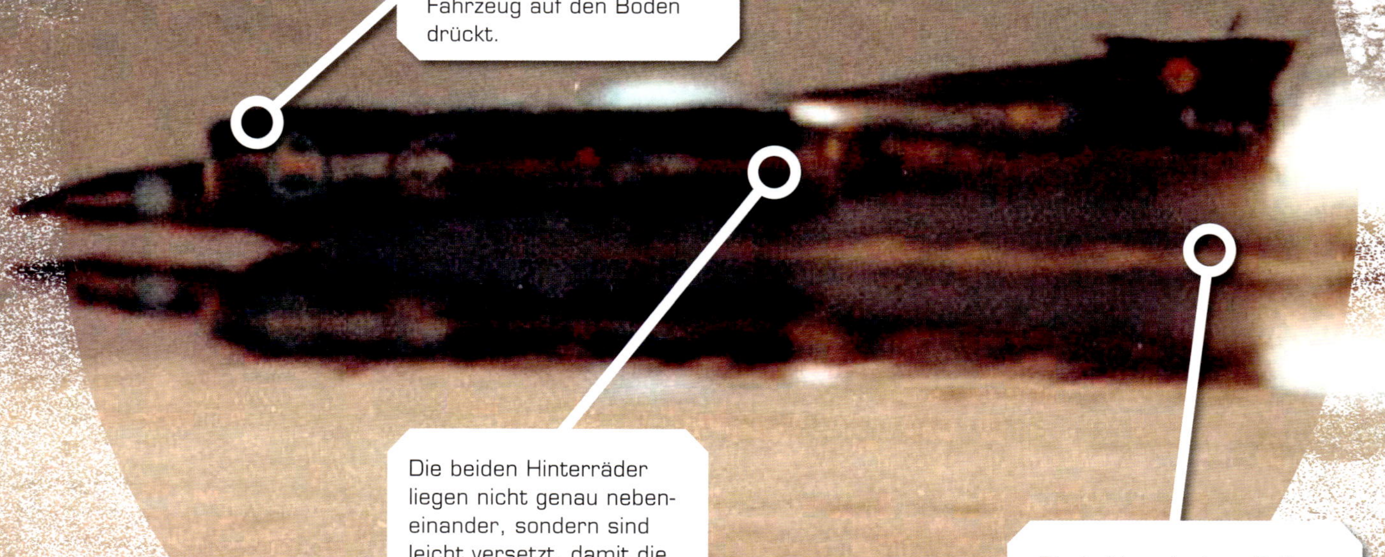

Die Triebwerke liegen weit vorn, damit ihr Gewicht das Fahrzeug auf den Boden drückt.

Die beiden Hinterräder liegen nicht genau nebeneinander, sondern sind leicht versetzt, damit die Hinterradlenkung im engen Rumpf Platz hat.

Die beiden riesigen Rolls-Royce-Turbostrahltriebwerke erzeugen mehr Leistung als 1000 Personenwagen (wie z. B. VW Golf) zusammen.

Nächster Versuch

Richard Noble, der Konstrukteur des Thrust SSC, will seinen eigenen Rekord brechen: Der neue Bloodhound SSC soll über 1600 km/h erreichen. Das Raketen- und das Strahltriebwerk leisten zusammen 100 000 kW – mehr als das Sechsfache aller Autos in einem Formel-1-Rennen. Das vordere Monocoque ist aus Kohlenstofffaser wie bei einem Rennwagen, das Hinterteil besteht aus Metall wie bei einem Flugzeug.

Thrust SSC

Jahr	1997
Gewicht	10,5 Tonnen
Höchstgeschwindigkeit	1228 km/h
Beschleunigung	0–1000 km/h in 16 Sekunden
Treibstoffverbrauch	55 Liter/km
Leistung	82 000 kW
Antrieb	zwei Rolls-Royce-Turbostrahltriebwerke

»Spirit of America« eröffnete eine neue Rekordkategorie.

Erster Rekord mit Strahlantrieb

Den ersten Weltrekord für Landfahrzeuge mit Strahlantrieb errang 1963 das »Spirit of America«. Auf einem ausgetrockneten Salzsee in Utah (USA) erreichte das Dreiradgefährt mit einem Turbostrahltriebwerk 655,7 km/h.

Fahren und bremsen

Der Thrust SSC kann in nur 16 Sekunden auf 1000 km/h beschleunigen und maximal 1228 km/h erreichen. Dabei verbrennen die Triebwerke pro Sekunde 18 Liter Treibstoff. Zur Verzögerung kommen zwei Bremsschirme zum Einsatz. Die Bremsen setzt man erst ein, wenn das Fahrzeug langsam genug ist und sie nicht mehr beschädigt werden können.

Sparsames Solarauto

Midnight Sun

Wie cool wäre wohl ein Auto, das ohne zu tanken beliebig weit fahren könnte? Das Solarauto »Midnight Sun« kann das, denn es erhält seine Energie aus dem Sonnenlicht, das auf seine flache Oberfläche fällt.

Jedes Midnight-Sun-Auto benötigt etwa zwei Jahre Bauzeit, denn es entsteht in Handarbeit. Gebaut werden die Autos vom Midnight Sun Solar Rayce Car Team, das Studenten der kanadischen Universität Waterloo gegründet haben. Midnight Sun VII hält den Weltrekord für die längste Fahrt eines Solarautos: 2004 legte es 15 070 km durch die USA und Kanada zurück.

Solarmodule auf der Oberseite wandeln das auftreffende Sonnenlicht in Strom für den Antrieb um.

»Midnight Sun« ist dünn und niedrig. In der Kapsel ist nur für den Fahrer Platz.

Solarzellen

Licht besteht aus Photonen – winzigen »Energiepaketen«. In einer Solarzelle grenzen zwei unterschiedlich »dotierte«, meistens aus Silizium bestehende Halbleiterschichten aneinander. Beim Durchqueren einer Schicht setzt jedes Photon ein Elektron frei. An der einen Halbleiterschicht lassen sich die Elektronen, an der anderen die jeweiligen »Elektronenlöcher« als elektrischer Strom abgreifen, den man direkt oder zum Laden einer Batterie nutzen kann.

Midnight Sun VII	
Jahr	2004
Gewicht	213 kg
Höchstgeschwindigkeit	130 km/h
Abmessungen	1,5 m x 5,5 m

Sonne im Weltall

Im erdnahen All scheint die Sonne immer und wesentlich stärker als auf der Erde. Daher erzeugen die meisten Satelliten den Strom für ihre Geräte mit Solarmodulen. Diese lassen sich verstellen, um bei der Bewegung der Satelliten möglichst viel Sonnenlicht einzufangen.

Sonnenfänger

Midnight Sun X hat 403 Solarmodule Sun Power A300 mit einer wirksamen Gesamtfläche von 6 m². Die erzeugte Energie wird in einer Lithium-Polymer-Batterie gespeichert.

Aluminiumrahmen und Kevlar-Karosserie machen das Fahrzeug leicht, aber stabil.

Mit Sonnensegeln ließen sich Raumfahrzeuge antreiben.

Sonnensegel

Die NASA untersucht Möglichkeiten, um Raumfahrzeuge über weite Entfernungen anzutreiben. Da es im Weltall keinen Luftwiderstand gibt, reicht dazu bereits geringer Schub. Eine Antriebsart sind Sonnensegel: Auf das Segel auftreffende Photonen drücken das Raumfahrzeug durch das All, ähnlich wie Wind ein Segelboot antreibt.

Schneller Segelwagen

Ecotricity Greenbird

Er ist weder ein richtiges Auto noch ein richtiges Boot – der »Ecotricity Greenbird« ist ein Segelwagen. Angetrieben wird er vom Wind, der auf den senkrechten Segelflügel wirkt. Damit fährt er an Land ähnlich wie eine Jacht im Wasser. 2009 stellte er in Nevada, USA, mit 203 km/h den Weltrekord für Segelwagen auf.

Der Schlüssel zu diesem Erfolg liegt in der Kombination von Konstruktionselementen aus Flugzeugen und aus Formel-1-Autos. So wie die Luft, die den Flügel umströmt, ein Flugzeug in der Luft hält, treibt die Luft am Segel den »Greenbird« voran. Die Räder sitzen vorn an der Nase, hinten am Heck sowie am Ausleger.

Die Stellung des Segels wird durch eine Steuerfläche an einer Stange beeinflusst. Der Wind drückt auf die Fläche, und die Stange überträgt diese Kraft auf das Segel.

Gedreht

Statt auf ein Segel zu wirken, kann die Windkraft auch eine Turbine antreiben. Das funktioniert wie bei einer Windmühle oder einem Windrad, doch statt einer Mühle oder eines Generators wird hier ein Fahrzeug angetrieben.

Ohne den langen Ausleger würde der »Greenbird« vom Wind sofort umgepustet werden.

Rennjachten an Land

Anders als »Greenbird« sehen Landsegler mit flexiblen Segeln und ohne Ausleger eher wie Boote aus. Damit die schnellen Segelwagen nicht umkippen, liegen ihre Hinterräder weit auseinander – je weiter, desto schneller kann der Wagen fahren.

Nicht nur auf dem Wasser gibt es Jachtrennen!

Vom Winde verweht

Seine schlanke, strömungsgünstige Form lässt den »Greenbird« bis zu fünfmal schneller fahren, als der Wind weht, der ihn antreibt. Dazu muss das senkrecht stehende Segel so angewinkelt sein, dass es dem Wind die beste Angriffsfläche bietet. Eine andere Ausführung des »Greenbird« kann auf Eisflächen fahren; dazu hat sie eine andere Nase sowie Kufen anstelle der Räder erhalten.

Ecotricity Greenbird

Jahr	2009
Gewicht	600 kg
Höchstgeschwindigkeit	203 km/h
Motor	keiner

Bei dem Gefährt aus Kohlenstofffaser-Verbundwerkstoff sind nur Teile der Räder und das Lager des Segelflügels aus Metall.

Lange Seilbahn

Tatev-Seilbahn

Die längste Pendelseilbahn der Welt überspannt die Schlucht des Worotan-Flusses in Armenien. Sie verbindet das Dorf Halidsor mit dem 5752 m entfernten mittelalterlichen Kloster Tatev. Die Kabinen bewegen sich mit bis zu 37 km/h.

Das Seilbahnsystem besteht aus zwei auf stählernen Tragseilen laufenden Kabinen, die je 25 Personen befördern können. Eine Kabine fährt jeweils bergauf, die andere ins Tal. Zwischen den beiden Endpunkten führen die Seile über drei Stützen. An ihrem höchsten Punkt verläuft die Seilbahn 300 m über dem Boden.

Die Kabinen ohne eigenen Antrieb hängen an einem Laufwerk, das von einem Zugseil am Tragseil entlang gezogen wird.

Hoch und weit

Die am meisten Angst einflößende Seilbahn der Welt ist vielleicht die Kabinenbahn, die auf den Tianmen-Berg in China führt. Sie läuft über 7455 m und überspannt eine atemberaubende Bergschlucht. Dabei überwindet sie einen Höhenunterschied von 1279 m und erreicht einen Winkel von bis zu 38 Grad. Hoch über dem Wald in einer kleinen Metallkapsel zu schweben – das ist nichts für schwache Nerven!

Trag- und Zugseile können nur geradlinig verlaufen. Bei Kabinenbahnen lassen sich die am Förderseil klemmenden Kabinen in den Stationen zum Ein- und Aussteigen oft abnehmen.

Noch länger

Die Seilbahn im schwedischen Norsjö (rechts) ist 13,2 km lang, wird aber nicht mehr regelmäßig betrieben. Sie wurde in den 1940er-Jahren für den Transport verschiedener Erze gebaut. Ihre Kabinen fassen jeweils vier Personen. Bei 10 km/h Höchstgeschwindigkeit dauert eine Fahrt eine Stunde und 45 Minuten.

Große, elektrisch angetriebene Seilscheiben bewegen das endlose Zugseil, das die Kabinen am Tragseil entlang zieht.

Notausgang

Raketenstartrampen haben oft Seilbahn-Rettungssysteme, mit denen Astronauten im Notfall den Gefahrenbereich schnell verlassen können. Die Seilbahn bringt sie vom Startturm zu einem geschützten Bunker am Boden.

Tatev-Seilbahn

Jahr	2010
Höchstgeschwindigkeit	37 km/h
Länge	5752 m

Schnelle Achterbahn

Formula Rossa

Die bei Weitem schnellste Achterbahn der Welt ist »Formula Rossa« im Themenpark Ferrari World in Abu Dhabi. Sie ist 40 km/h schneller als frühere Bahnen und beschleunigt in nur 4,9 Sekunden von 0 auf die Höchstgeschwindigkeit von 240 km/h.

Der Zug wird so stark beschleunigt wie Flugzeuge auf dem Katapult eines Flugzeugträgers. Das Fahrgefühl ähnelt dabei so weit wie möglich dem in einem Formel-1-Auto. Die Mitfahrer müssen wie Fallschirmspringer Schutzbrillen tragen, um ihre Augen vor Sand, Staub und Insekten zu schützen.

Geschwindigkeit und Beschleunigung der Bahn entsprechen denen eines Formel-1-Autos. Die Fahrgäste spüren die 4,8-fache Erdbeschleunigung.

Die 2,07 km lange Strecke wird in nur 92 Sekunden durchfahren.

Hydraulik

Viele Achterbahnen werden beim »Abschuss« hydraulisch beschleunigt. Dazu wird eine Hydraulikflüssigkeit in Druckspeicher gepumpt, deren beide Kammern durch einen Kolben getrennt sind. Wird die Flüssigkeit in die eine Kammer gepumpt, presst der Kolben das Gas in der anderen Kammer zusammen. Beim Abschuss geben die Druckspeicher ihre Energie gleichzeitig an 16 oder 32 Hydraulikmotoren ab. Diese treiben eine Winde an, die den Zug mit einem Mitnehmer entlang der Startstrecke bewegt. Ein solcher Abschuss kann bis zu 15 000 kW erfordern – so viel, wie fast 120 Personenwagen leisten!

Formula Rossa

Jahr	2010
Höchstgeschwindigkeit	240 km/h
Beschleunigung	0–100 km/h in 2 Sekunden
Streckenlänge	2,07 km

Der Zug wird von Hydraulikmotoren zunächst einen 53 m hohen Hügel hinauf beschleunigt, auf dem ihn Magnetbremsen verzögern.

Kopfstand und Rolle

Bei »Formula Rossa« geht es um Geschwindigkeit, bei »Colossus« im englischen Thorpe Park dagegen um Rollen, Kurven und Loopings. Die Achterbahn bietet den Fahrgästen mehr Überkopfelemente als jede andere auf der Welt, darunter einen stehenden Looping, eine Kobra-Rolle, zwei Korkenzieher und fünf Herzlinien-Rollen.

Bei »Colossus« geht es am häufigsten auf und ab.

Abwärts!

Die Achterbahn mit der höchsten senkrechten Abfahrt ist »Kingda Ka« im Six Flags Great Adventure in Jackson, USA. Die Züge werden in drei Sekunden auf 206 km/h beschleunigt. Am Ende der Beschleunigungsstrecke sausen sie den 139 m hohen »Zylinder«-Turm hinauf, von dem sie 127 m senkrecht nach unten stürzen! Die gesamte Fahrt dauert nur 28 Sekunden.

Große Limousine

Midnight Rider

Diese größte Luxuslimousine der Welt ist ein in allen Details perfekt aufgemotzter Sattelzug.

Von den drei mit Messing und poliertem Holz ausgestatteten Salons im Untergeschoss führt eine Bronzetreppe zum oberen Aussichtssalon. »Midnight Rider« hat eine komplett ausgestattete Bar, vier Telefone, automatische Heizung und Klimaanlage – und zur Sicherheit ein Überwachungssystem. Mithilfe eigener Generatoren lassen sich die Elektrogeräte auch betreiben, wenn der Motor nicht läuft.

Midnight Rider

Gewicht	22,9 Tonnen
Länge	21,33 m
Leistung	324 kW

Aus klein wird groß

Es klingt verrückt, aber es gibt auch Limousinen, die aus Kleinwagen entstanden sind. Wenn man z. B. einen Mini in der Mitte verlängert, lässt sich daraus eine Limousine machen.

»American Dream« ist erstaunliche 30,5 m lang.

Längste Limousine

»American Dream« ist mit einem Whirlpool, einem Swimmingpool mit Sprungbrett, einem Doppelbett und Satellitenschüssel ausgestattet. Hinzu kommen ein Hubschrauberlandeplatz und ein Sonnendeck. Hinten hat das Auto einen zweiten Fahrerplatz zum Rückwärtsfahren. Da es keine Straßenzulassung hat, wird es auf zwei Lkws zu Veranstaltungen transportiert und dort zusammengefügt.

Platz für 40 Fahrgäste in drei Salons, von denen jeder über große Bildschirme, Satellitenfernsehen sowie Unterhaltungs-, Musik- und Kinosysteme verfügt

Protzig!

Stretch-Limousinen entstehen aus normalen Autos, deren Mittelteil verlängert wird. Manche sind mit bequemen Sofas, Plasma-Bildschirmen, Bars, Tischen und Betten ausgestattet. Sehr schnell fahren sie meistens nicht, da es mehr um die extravagante Ausstattung als um hohe Motorleistung geht. Oft helfen Rückfahrkameras dem Fahrer beim Zurücksetzen.

Sicheres Auto

Volvo V40

Das sicherste Auto der Welt ist der Volvo V40. In Crashtest-Zentren werden alle möglichen Zusammenstöße mit verschiedenen Geschwindigkeiten nachgestellt und die Auswirkungen auf Fahrzeuge und künstliche Insassen – Crashtest-Dummys – sorgfältig gemessen.

Mit zwei Erwachsenen-Dummys auf den Vordersitzen und zwei Kinder-Dummys auf der Rückbank ließ man den V40 mit 64 km/h gegen Hindernisse prallen. Der Vorderwagen wurde zerstört, »Fahrer« und »Mitfahrer« wurden jedoch durch Knautschzonen, Airbags und Sicherheitsgurte geschützt. Die Computeranalyse zeigte keine größeren Verletzungsgefahren.

Gut geschützt

Der V40 hat einige ganz besondere Sicherheitsmerkmale. Der Fußgängerschutz kann Personen auf der Fahrbahn erkennen und den Fahrer warnen. Sollte der Fahrer nicht reagieren, bremst das Auto automatisch. Falls der Fußgänger erfasst wird, mildert ein Airbag außen auf der Motorhaube den Aufprall.

Der V40 auf der Straße

Volvo V40

Jahr	2012
Höchstgeschwindigkeit	250 km/h
Beschleunigung	0–100 km/h in 6,7 Sekunden
Länge	4,37 m
Leistung	132 kW
Motor	1,6-Liter-Benzinmotor mit Turbolader (Modell T4)

Test, Test …

Es gibt verschiedene Arten von Crashtests, bei denen die Testwagen auf ein Hindernis auffahren, selbst von hinten oder von der Seite getroffen werden oder sich überschlagen. Kameras nehmen das Auto dabei außen und innen aus allen Richtungen auf. Dadurch können die Ingenieure später in Zeitlupe sehen, was genau bei einem Crash passiert.

Die stabile Fahrgastzelle gibt bei einem Aufprall nicht nach. Besondere Knautschzonen absorbieren die Wucht.

Airbags, die sich bei einem Aufprall blitzschnell aufblasen, schützen die Insassen. Der V40 hat Airbags auch an den Seiten und unter dem Armaturenbrett; ein zusätzlicher Airbag schützt vom Auto erfasste Fußgänger.

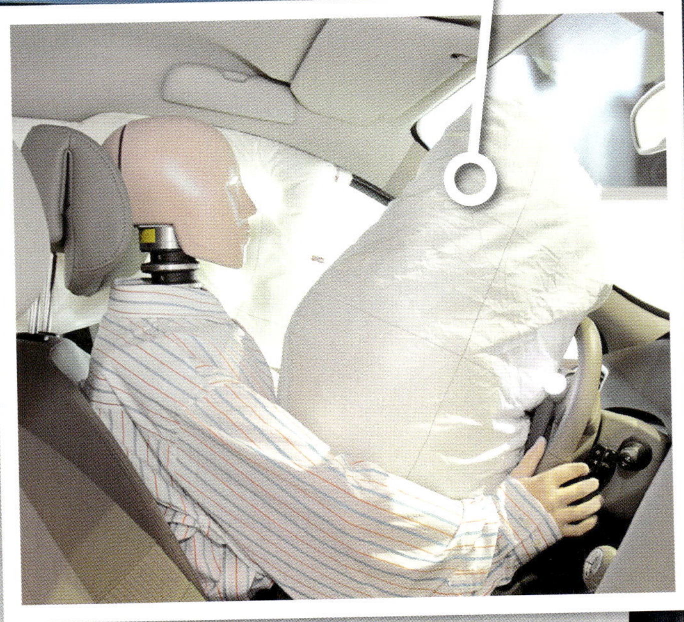

Gar nicht dumm!

Crashtests sind teuer. Daher versucht man, sie möglichst nur im Rechner zu vollziehen. Aber ganz kann man auf echte Crashtests nicht verzichten. Die dabei verwendeten Puppen, sogenannte »Dummys«, haben das Gewicht, die Größe und Form von Menschen und auch deren Gewichtsverteilung. Sie sind mit verschiedenen Sensoren ausgerüstet, um die Daten der beim Aufprall auf sie wirkenden Kräfte zu erfassen.

Seltsame Spezial-anfertigungen

Dodge Power Wagon

Das größte Auto der Welt ist ein achtfach vergrößerter Dodge Power Wagon. Er gehört Scheich Hamad Al-Nahyan aus den Vereinigten Arabischen Emiraten.

Die Räder dieses Dodge stammen von einem Ölfeld-Lastwagen, die Scheibenwischer von einem Ozeandampfer. Die Scheinwerfer kosten je etwa 1500 Euro. Im Fahrzeuginneren gibt es vier Schlafzimmer. Die Einzelteile waren so groß, dass man sie erst in der Wüste zusammensetzen konnte. Der Dodge kann durch die Wüste fahren, ist für normale Straßen aber zu breit.

Die hintere Bordwand lässt sich als Balkon für die Zimmer im Inneren öffnen.

Schnelles Sofa

Dieses Zweisitzer-Ledersofa kann flott unterwegs sein. Mit einem 1400-cm³-Motorradmotor aus einer Suzuki GSX und angebautem Kaffeetisch erreichte das Sofa 2011 163 km/h. Der Tisch dient dabei nicht nur als Stellfläche für die Obstschale, er beeinflusst auch die Luftströmung, damit das Sofa diese hohe Geschwindigkeit überhaupt erreichen kann.

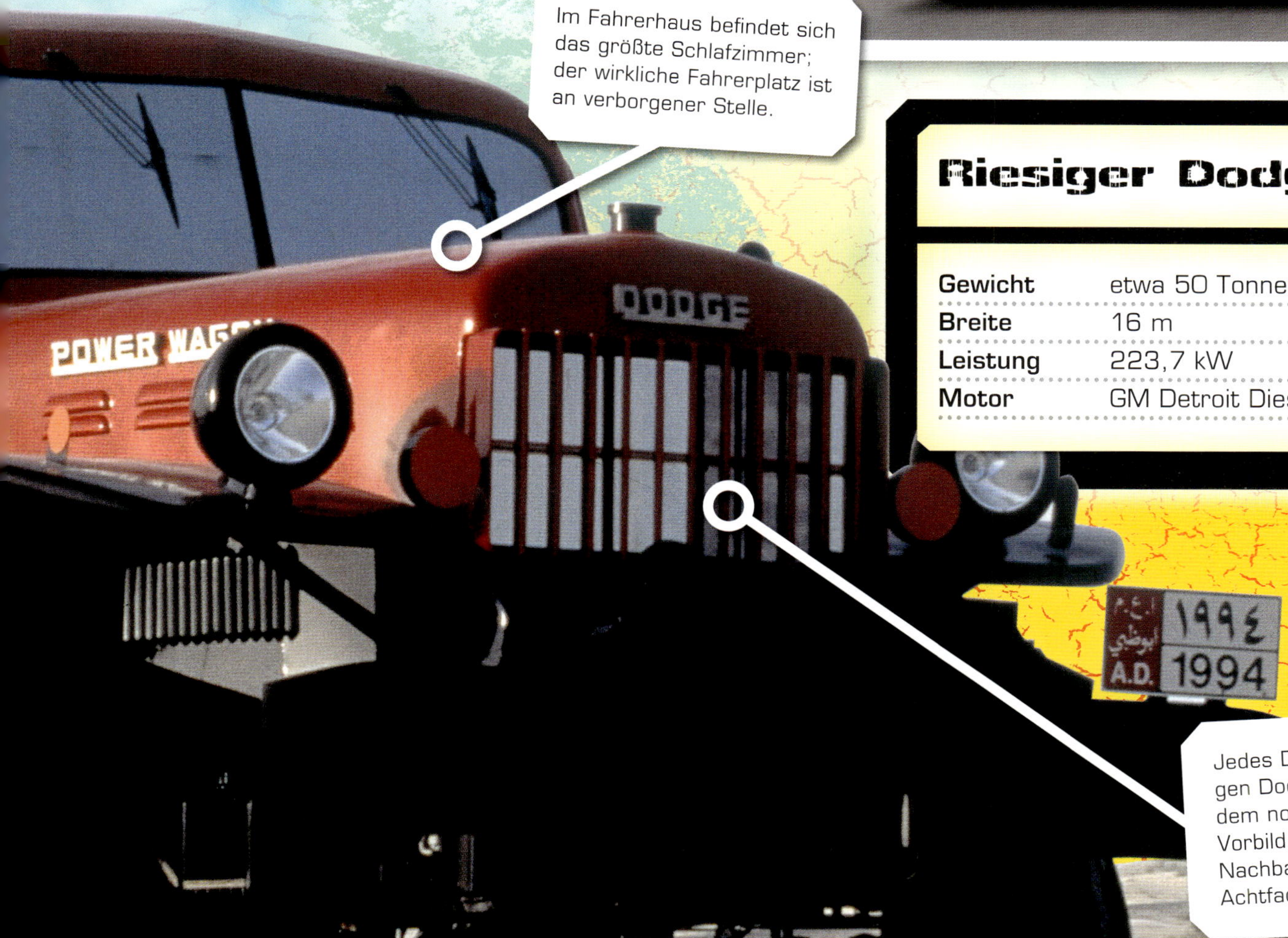

Im Fahrerhaus befindet sich das größte Schlafzimmer; der wirkliche Fahrerplatz ist an verborgener Stelle.

Riesiger Dodge

Gewicht	etwa 50 Tonnen
Breite	16 m
Leistung	223,7 kW
Motor	GM Detroit Diesel 67

Jedes Detail des riesigen Dodge entspricht dem normal großen Vorbild, wurde für den Nachbau aber auf das Achtfache vergrößert.

Verrückt

Unter dem verrückten Äußeren von aufgemotzten Spezialanfertigungen verbergen sich oft überraschend starke Motoren.

Diese VW-Bus-Kugel hat zwar eine Tür und einen Fahrersitz, aber keine Räder.

Luxuriöses Wohnmobil

eleMMent PALAZZO

Dieses Fahrzeug von Marchi Mobile ist das luxuriöseste Wohnmobil, das je in Serie gebaut wurde.

Zur aufwendigen Ausstattung gehören Küche, Salon mit riesigem Flachbildschirm und Satellitenfernsehen, Schlafzimmer, Bad und Fußbodenheizung. Die Dachterrasse ist ausfahrbar, das Führerhaus erinnert an ein Raumschiff. Man kann das Fahrzeug ferngesteuert überwachen und z.B. vorab die gewünschte Raumtemperatur und Beleuchtung einstellen.

Werden die Seiten auf Knopfdruck nach außen geschoben, vergrößert sich die Bodenfläche um 80 %. Auch die Dachterrasse »Sky Lounge« ist ausfahrbar.

Schwimmendes Wohnmobil

»Terra Wind« ist ein amphibisches Wohnmobil, das an Land und im Wasser fahren kann. Es wiegt 15,9 Tonnen und ist fast 13 m lang. Von einem Caterpillar-Dieselmotor mit 246 kW angetrieben, kann es 137 km/h an Land und 7 Knoten im Wasser erreichen. Es kann Wellen bis zu 1 m Höhe und Wind bis zu 64 km/h standhalten. Die luxuriöse Ausstattung umfasst Whirlpool und Badeplattform.

»Terra Wind« ist das erste amphibische Wohnmobil der Welt.

Marchi Mobile eleMMent PALAZZO

Gewicht	20 Tonnen
Höchstgeschwindigkeit	150 km/h
Kraftstoffverbrauch	18,2 Liter auf 100 km
Länge	12 m
Preis	2,3 Millionen Euro
Leistung	395 kW

Das Fahrzeug verbindet verschiedene Elemente: Heckdiffusoren eines Sportwagens mit der Gangway eines Geschäftsflugzeugs und der Flybridge einer Motorjacht.

Das strömungsgünstige Science-Fiction-Design senkt den Kraftstoffverbrauch um 20 %; in Nachtleuchtfarbe hervorgehobene Details lassen das Fahrzeug auch im Dunkeln auffallen.

Langer Bus

AutoTram Extra Grand

Der mit 30,7 m längste Bus der Welt wird ab 2012 erstmals in Dresden eingesetzt. Er ist billiger zu betreiben als eine normale Straßenbahn, deren Schienen in die Straße eingelassen sind.

Der Gelenkbus ist ein Hybridfahrzeug mit Elektro- und Dieselmotor. Eine Ladung der Lithium-Ionen-Batterie (auf dem Dach des Mittelteils) reicht für 8 km. Dann startet der Dieselmotor und lädt die Batterie beim Fahren wieder auf.

Durch die begehbaren Gelenke zwischen den drei Teilen lässt er sich so leicht lenken wie ein normaler Bus.

Ohne Hände!

Ein anderes Extrem ist das Park Shuttle in Amsterdam mit nur einem Abteil – und ganz ohne Fahrer! Es wird nicht mechanisch durch Schienen oder Oberleitung geführt, sondern orientiert sich an einer gespeicherten elektronischen Karte, mit der es seinen Standort vergleicht. Dazu zählt es die Umdrehungen der Räder. Anhand von in die Straße eingelassenen Magneten überprüft der Bordcomputer immer wieder die Position.

Das winzige Shuttle ist nur wenig länger als ein Pkw.

Zweiwegebus

Der vor Kurzem in Japan getestete DMV Bus Train ist eine Kombination aus Bus und Zug. Er hat Stahlräder für die Fahrt auf Eisenbahngleisen ebenso wie Gummireifen für die Straße. Zum Wechsel zwischen Straße und Gleis senkt der Fahrer den einen Radsatz ab und hebt den anderen an.

AutoTram Extra Grand

Jahr	2012
Gewicht	42,235 Tonnen
Länge	30,7 m
Preis	rund 923 000 Euro
Leistung	455 kW (Dieselmotor), 420 kW (Kondensatorspeicher), 120 kW (Batterie)

Mit 96 Sitzen und Platz für 160 stehende Fahrgäste entspricht das Fassungsvermögen einem kurzen Zug.

Mit der ersten jemals in einem Bus eingesetzten Mehrachslenkung hat AutoTram einen Wendekreis von knapp 25 m – weniger als einige kürzere Busse.

Um die Ecke

Den Übergang zwischen den Fahrzeugteilen bildet bei Gelenkbussen wie AutoTram jeweils ein Drehkranz; eine Deichsel verbindet den hinteren mit dem vorderen Fahrzeugteil. In Kurven wird der Abstand der Fahrzeugteile auf der Außenseite des Drehkranzes größer, auf der Innenseite kleiner.

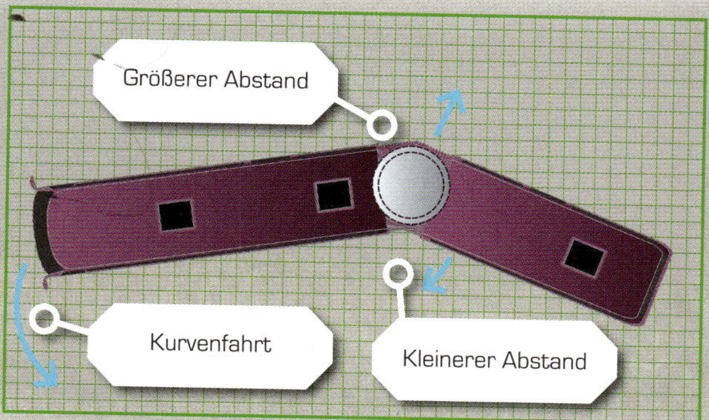

Schneller Eisflitzer

Bio-Inspired Ice Vehicle

Im Schlitten über Schnee zu fahren, ist eine Sache – mit 130 km/h über das Polareis zu flitzen, eine ganz andere. Das BIV fährt auf Kufen, die wie dicke Skier aussehen. Es ist sehr leicht und lässt sich notfalls von Hand über die riesigen Schneeverwehungen ziehen, die es in Antarktika gibt.

Das BIV wurde 2012 bei der schnellsten Durchquerung von Antarktika verwendet – und der ersten mit Hin- und Rückweg. Als erstes mit Biokraftstoff angetriebenes Fahrzeug erreichte es dabei den Südpol.

Extrem tiefe Temperaturen strapazieren die Mechanik. Um Probleme zu vermeiden, besitzt das BIV möglichst wenige bewegliche Teile.

Den Dreiblatt-Verstellpropeller treibt ein Flugzeugmotor Rotax 914 an, der mit Biokraftstoff läuft. Der Rotax ist für große Höhen und tiefe Temperaturen gut geeignet.

Bio-Inspired Ice Vehicle (BIV)

Jahr	2012
Gewicht	700 kg
Höchstgeschwindigkeit	135 km/h
Länge	4,5 m

Kettenfahrzeuge

Polarfahrzeuge haben normalerweise Gleisketten statt Kufen. Damit können sie besser durch unwegsames Gelände fahren, benötigen jedoch auch einen stärkeren Motor.

Schneemobil

Schneemobile haben vorn zwei lenkbare Kufen und hinten eine angetriebene Kette. Die meisten haben einen Viertaktmotor mit 110 kW oder mehr und eine Kette aus Kevlar. Manche dienen für Notfalleinsätze und als Arbeitsfahrzeuge, z. B. für Rentierhirten, andere als Sportfahrzeuge. Rennmobile können 240 km/h erreichen, Dragster-Schneemobile sogar bis zu 320 km/h.

Rennen kann man auf Schnee, aber auch auf Gras fahren.

Sicherheit geht vor

Das BIV fährt zwei dreiachsigen Forschungsfahrzeugen voraus, um einen sicheren Weg für sie zu erkunden. Mit Kameras und Bodenradar untersucht es den Boden, über hochempfindliches GPS wird der Standort ermittelt und verfolgt. Sensoren überwachen die Körperfunktionen des Fahrers, um z. B. eine beginnende Unterkühlung zu erkennen. Die Daten werden per Funk in eines der Forschungsfahrzeuge übertragen und dort sofort ausgewertet.

Die Kufen sind einzeln aufgehängt und gedämpft. Eine Schneebremse mit Krallen erlaubt sicheres Anhalten.

Langsamer Schlepper

NASA-Raupenschlepper

Der riesige Schlepper transportierte Raketen und Space Shuttles zur Startrampe. Er ist so breit wie eine sechsspurige Autobahn und mit Last so hoch wie ein Wolkenkratzer. Für normale Straßen wäre er zu schwer, da er den Belag zerstören würde.

Die Space Shuttles wurden mitsamt ihrer mobilen Startplattform äußerst vorsichtig zur Startrampe befördert. Der Transport über rund 5,5 km dauerte sechs Stunden.

Das Lenkrad ist nicht größer als bei einem Gokart. Ein Hydrauliksystem hilft dem Fahrer, das riesige Fahrzeug zu lenken.

Zwei riesige Gleisketten an jeder Ecke haben je 57 Glieder (456 insgesamt), jedes ist 2,3 m breit, 0,5 m lang und wiegt rund 900 kg.

Präzisionsarbeit

Die Oberseite des Schleppers lässt sich in 30 Minuten hydraulisch heben und senken, um die Startplattform mit dem Shuttle von ihren Stützen zu heben und auf der Startrampe abzusetzen. Auf dem Weg zur Rampe muss der Schlepper eine leichte Steigung erklimmen, seine Oberseite wird dabei genau waagerecht gehalten. Durch Laser gesteuert, setzt er die Plattform genau an der richtigen Stelle ab.

NASA-Raupenschlepper

Jahr	1966
Gewicht	2495 Tonnen; beladen 8000 Tonnen
Höchstgeschwindigkeit	3,2 km/h (beladen 1,6 km/h)
Abmessungen	40 m lang, 35 m breit
Verbrauch	355 Liter pro km
Leistung	2 x 2023 kW (Diesel)

Ein Haustransport in den USA in den 1940er-Jahren

Umzug

Die Schlepper der NASA sind die größten, aber übergroße Ladungen hat man mit riesigen Fahrzeugen bewegt, seit es Lkws gibt.

Führerstände vorn und hinten, dazu WC und Küche für die Besatzung, die zum Laden, Befördern und Absetzen des Shuttles 14 Stunden im Dienst war

Gewichtheber

Mit dem Shuttle beladen, wiegt der Schlepper bis zu 8000 Tonnen. Zwei Dieselmotoren treiben Generatoren für die 16 Elektromotoren des Schleppers an. Einer der beiden Schlepper wird für bis zu 8165 Tonnen Zuladung aufgerüstet. Damit kann er auch die neuen Schwerlastraketen der NASA tragen.

Schnell-zug

CRH380A

Der chinesische CRH380A ist der schnellste serienmäßige Zug der Welt. Anders als die schnelleren Magnetschwebezüge (Seite 58/59) erreicht er auf herkömmlichen Schienen bis zu 380 km/h.

Die Wagen sind so konstruiert, dass das Fahrgeräusch unerheblich ist und der Luftdruck im Inneren auch bei hoher Geschwindigkeit gleich bleibt. Speziell für diesen Zug entwickelte man neue Dämmstoffe und Isolierungen, dazu eine neue Federung, die Schwingungen fast völlig beseitigt.

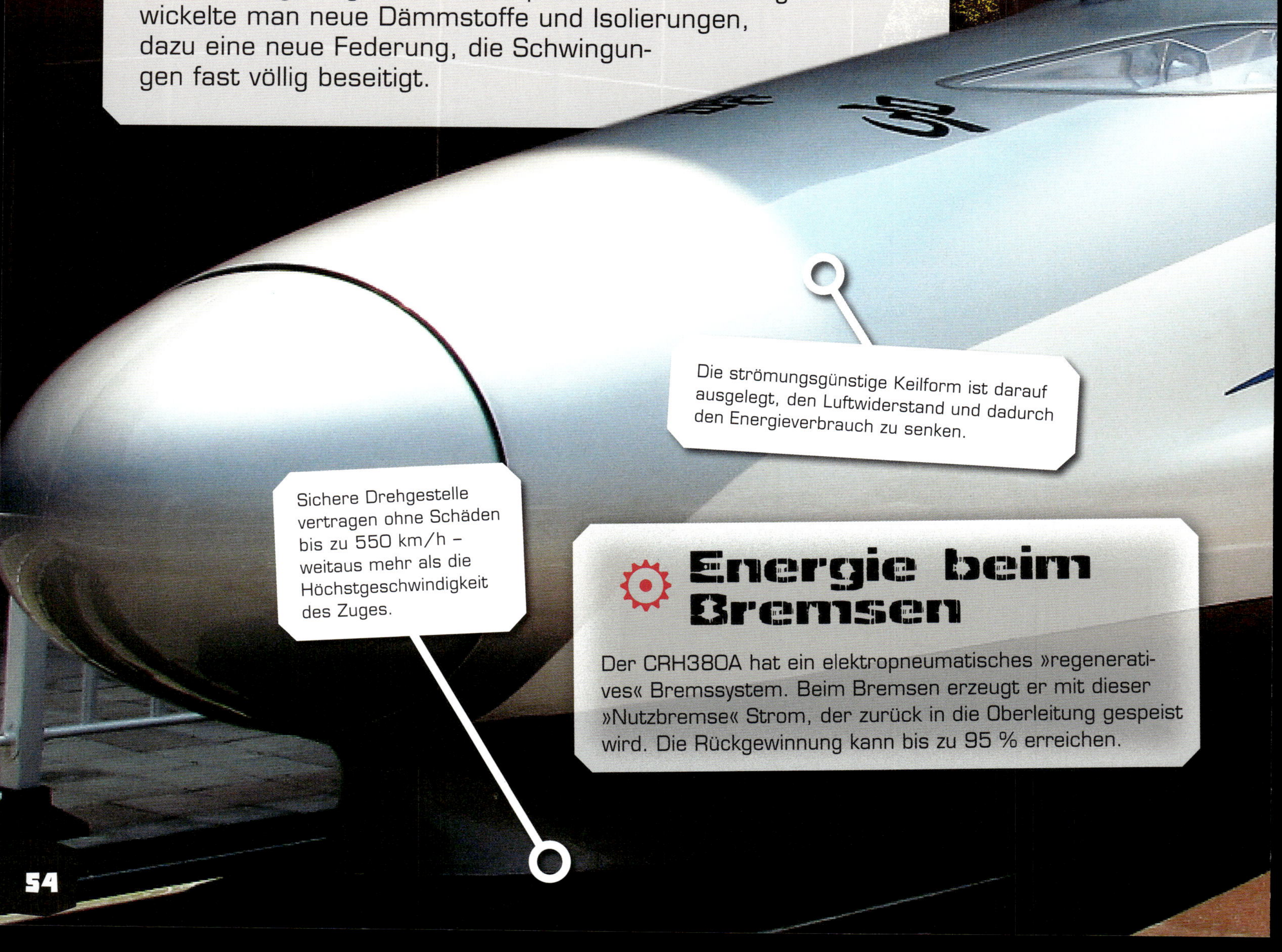

Die strömungsgünstige Keilform ist darauf ausgelegt, den Luftwiderstand und dadurch den Energieverbrauch zu senken.

Sichere Drehgestelle vertragen ohne Schäden bis zu 550 km/h – weitaus mehr als die Höchstgeschwindigkeit des Zuges.

Energie beim Bremsen

Der CRH380A hat ein elektropneumatisches »regeneratives« Bremssystem. Beim Bremsen erzeugt er mit dieser »Nutzbremse« Strom, der zurück in die Oberleitung gespeist wird. Die Rückgewinnung kann bis zu 95 % erreichen.

CRH380A

Jahr	2010
Höchstgeschwindigkeit	380 km/h (kurzzeitig zulässig); 486,1 km/h (bei Testfahrten)
Beschleunigung	0–380 km/h in sieben Minuten
Länge	203 m
Leistung	9600 kW

Der leichte Wagenkasten aus Aluminiumlegierung ist druckdicht, damit der Luftdruck im Inneren gleich bleibt.

Schneller als eine Pistolenkugel?

Die japanischen »Geschosszüge« verbinden mit bis zu 300 km/h alle wichtigen Städte des Landes miteinander. Sie fahren auf besonderen Strecken (»Shinkansen«) mit weiten Kurven, vor denen die Züge nicht bremsen müssen. Mit fast 2400 km Länge hat Japan derzeit das Hochgeschwindigkeitsnetz mit den meisten Zugfahrten.

Drehgestelle

Der Wagenkasten eines modernen Eisenbahnwagens ruht auf Drehgestellen, die in der Regel jeweils zwei Achsen haben. Die Stahlräder laufen auf Stahlschienen, die Spurkränze halten die Räder dabei auf den Schienen. Federelemente zwischen dem Drehgestell und dem Wagenkasten nehmen Stöße und Schwingungen auf, machen die Fahrt dadurch komfortabler und schützen den Wagen vor Beschädigungen.

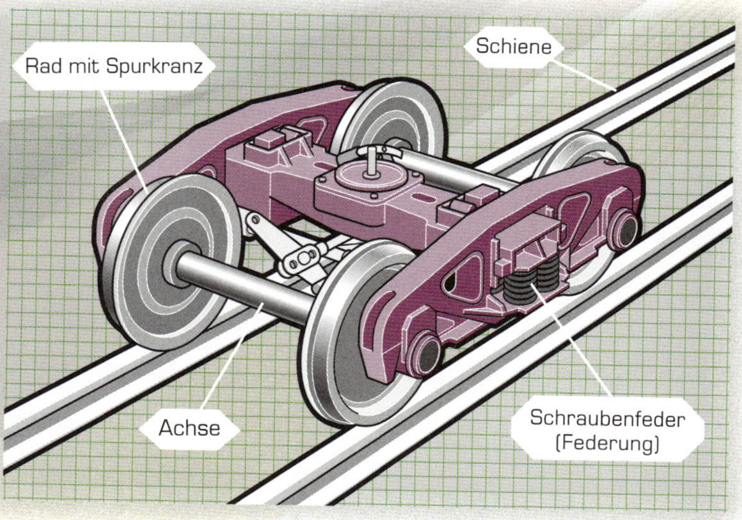

Lange Bahnfahrt

Transsibirische Eisenbahn

Die längste Zugfahrt der Welt ohne Umsteigen kann man mit der Transsibirischen Eisenbahn machen – von Moskau in Russland aus bis nach Pjöngjang in Nordkorea. Der einmal pro Woche fahrende Zug braucht 210 Stunden (neun Tage) für die 10 175 km lange Strecke.

Auf den Strecken der »Transsib« fahren Personen- und Güterzüge. Manche Güterzüge sind über einen Kilometer lang, haben 71 Wagen und wiegen 6000 Tonnen. Auf der langen Reise werden das Personal 24-mal und die Lokomotiven viermal gewechselt.

Die Züge sind darauf ausgelegt, im Temperaturbereich von -40° C bis +40° C zu fahren.

Luxuriöse Sonderzüge

Reisen auf der Transsibirischen Eisenbahn kosten normalerweise etwa 300 Euro, mit dem »Golden Eagle« von Moskau nach Peking jedoch über 22 000 Euro! Der Zug wird von der einzigen betriebsfähigen Dampflokomotive Russlands gezogen und bietet private Suiten mit eigenem Bad, Luxusrestaurants und komfortable Salonwagen.
Andere Luxuszüge wie der zwischen Paris in Frankreich und Venedig in Italien fahrende »Venice Simplon-Orient-Express« haben Wandverkleidungen aus poliertem Holz, Marmorbäder und extravagante Restaurants.

Transsibirische Eisenbahn

Jahr	Baubeginn 1891
Höchstgeschwindigkeit	120 km/h
Streckenlänge	10 175 km

Kurze Fahrt

Die kürzeste öffentliche Bahnstrecke ist 95 m lang. Die Standseilbahn »Angels Flight« führt in Los Angeles, USA, einen steilen Hügel hinauf. Die Transsibirische Eisenbahn von Moskau nach Pjöngjang ist mehr als 107 000-mal länger!

Die Fahrt mit dem winzigen »Engelflug« kostet nur 50 US-Cent.

Lange Reise

Die längste Strecke der Transsibirischen Eisenbahn führt von Moskau im Westen Russlands nach Südosten zur Grenze mit Kasachstan. Sie durchquert das südliche Sibirien und führt entlang der Nordgrenze der Mongolei durch den Fernen Osten Russlands nach Nordkorea.

Schwebender Zug

Transrapid Shanghai

Der schnellste Magnetschwebezug verbindet den Flughafen Pudong mit dem Geschäftsviertel von Shanghai. Mit bis zu 431 km/h ist er schneller als ein Formel-1-Auto. Die 30,5 km lange Strecke legt er in nur sieben Minuten und 20 Sekunden zurück.

Magnetschwebezüge haben keine Räder, sondern schweben auf einem magnetischen »Kissen«: Sie werden von Magneten an der Unterseite und am Fahrweg geführt und angetrieben. Der Zug hat drei verschiedene Magnetsysteme, je eines zum Schweben, zur seitlichen Führung und zum Antrieb.

Im Inneren des Zuges spürt und hört man die Fahrt kaum.

Der Schnellste

Den bisherigen Weltrekord für ein Schienenfahrzeug hat 2003 der japanische Magnetschwebezug MLX01 mit 581 km/h aufgestellt. Bis zu 150 km/h rollt er auf Rädern, weil das Magnetfeld bei diesen niedrigen Geschwindigkeiten noch nicht stark genug ist, um den Zug schweben zu lassen. Der Weltrekordzug war dreiteilig, der Zug kann aber aus bis zu fünf Teilen bestehen.

Der japanische MLX01 auf der Teststrecke in Yamanashi

Transrapid Shanghai

Jahr	2004
Höchstgeschwindigkeit	431 km/h
Beschleunigung	0–350 km/h in zwei Minuten

Funktionsweise

In den Fahrweg sind elektromagnetische Spulen aus Metall eingelassen. Ihre Polarität wird sehr schnell umgeschaltet. Das so entstehende elektromagnetische »Wanderfeld« reagiert mit den Magneten unter dem Zug. Unterschiedliche Magnetpole (Nord/Süd) ziehen sich an, gleiche stoßen sich ab. Die Antriebsabschnitte im Fahrweg sind so geschaltet, dass das Magnetfeld den Zug hinter sich herzieht.

Schweben

Starke Elektromagnete heben den Zug an, sodass er berührungslos wenige Zentimeter über dem Fahrweg schwebt. Ohne sich gegeneinander bewegende Teile entsteht keine mechanische Reibung, daher kann der Zug sehr schnell fahren. Es entsteht auch so gut wie kein mechanischer Verschleiß.

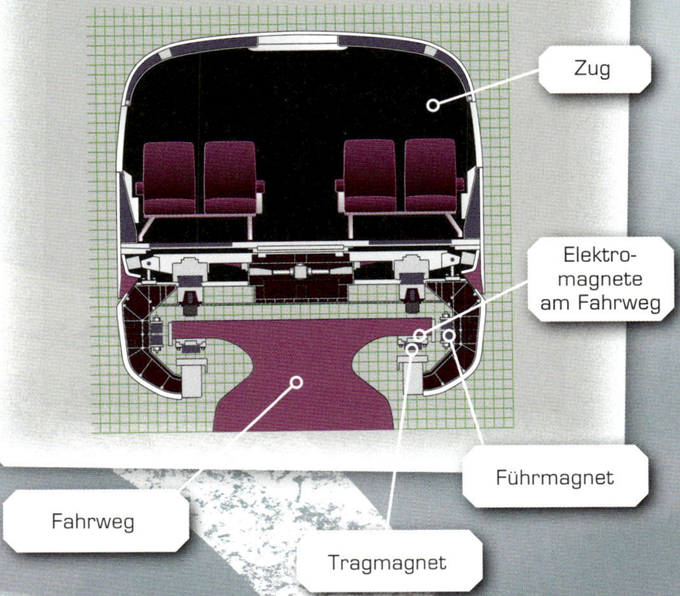

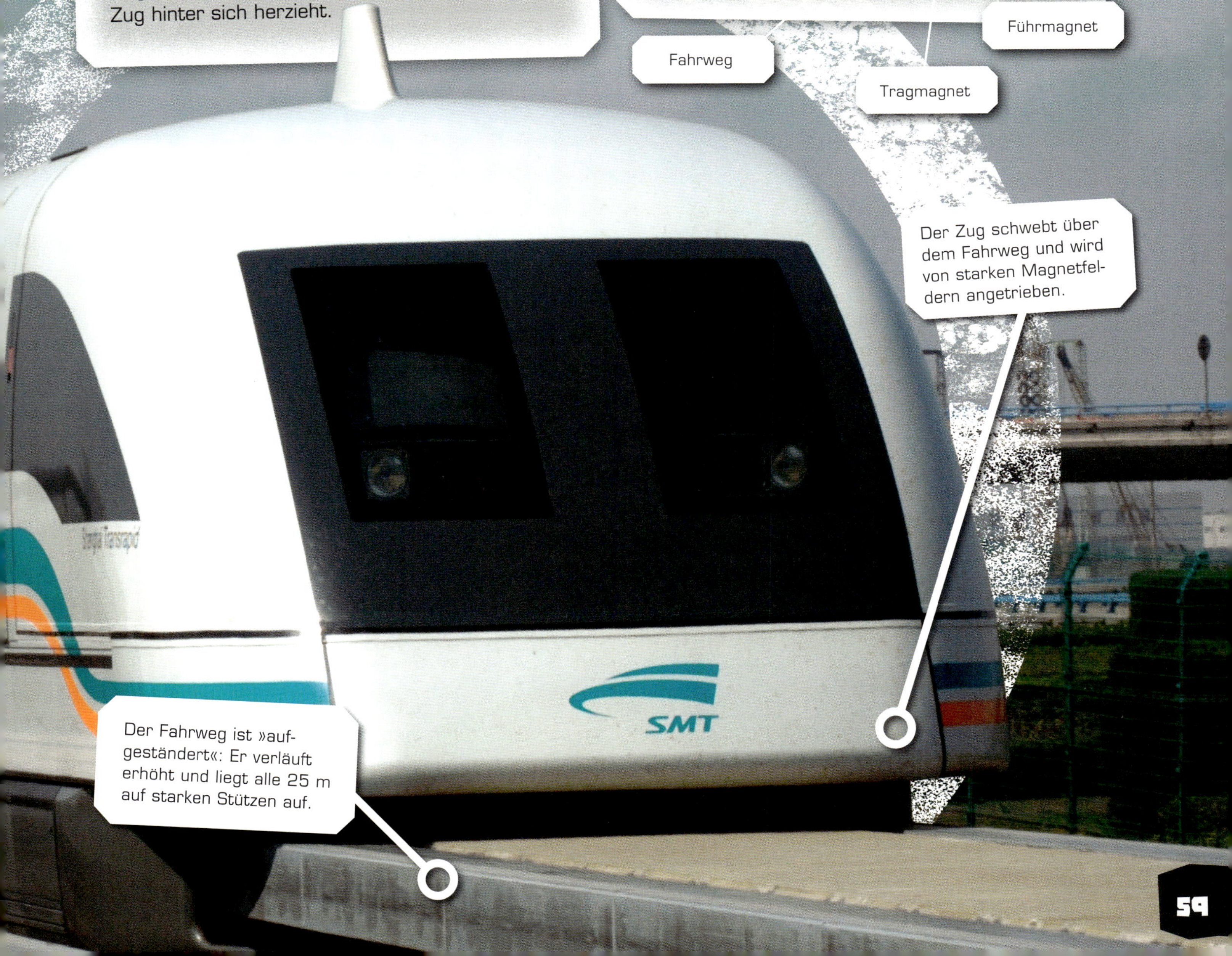

Der Zug schwebt über dem Fahrweg und wird von starken Magnetfeldern angetrieben.

Der Fahrweg ist »aufgeständert«: Er verläuft erhöht und liegt alle 25 m auf starken Stützen auf.

Riesiger Monster-Truck

Bigfoot 5

Monster-Trucks sind umgearbeitete Pick-up-Trucks mit neuen, angepassten Radaufhängungen und riesigen Rädern, die von viel größeren Fahrzeugen stammen. Bigfoot 5 ist fast fünf Meter hoch und rollt auf gigantischen Reifen der US-Armee.

Der erste Bigfoot überrollte 1982 bei öffentlichen Vorführungen andere Autos. Das Interesse wuchs, immer mehr Monster-Trucks kamen auf. Heute fährt man damit Stunts sowie Rennen um Hindernisbahnen, auf Drag-Strecken oder durch Schlamm.

Vorder- und Hinterradlenkung, die hintere wird von hydraulischen Pumpen angetrieben.

Die vier (oder acht) 3 m großen Firestone-Reifen wiegen je 1088 kg. Sie stammen vom Overland Train der US-Armee aus Alaska.

Zwei Truck-Rahmen bilden das Chassis, auf dem die abgewandelte Pick-up-Karosserie sitzt.

Bigfoot 5

Jahr	1986
Gewicht	12,7 Tonnen
Höhe	5 m
Motor	Benzinmotor, 7,5 Liter Hubraum

Monster-Kipper

Der größte Muldenkipper, der dieselelektrisch angetriebene Liebherr T 282 B, ist für öffentliche Straßen zu groß und schwer. Er wird erst am Einsatzort montiert. Sein 90-Liter-Dieselmotor leistet 2720 kW. Der T 282 B kann 363 Tonnen zuladen und wird vor allem im Gold-, Kupfer-, Eisen- und Kohlebergbau in den USA, in Chile, Südafrika und Australien eingesetzt. Ein Exemplar kostet etwa 3,8 Millionen Euro.

Umziehen, bitte!

Die meisten modernen Monster-Trucks haben Karosserieteile aus glasfaserverstärktem Kunststoff (GFK), die sich einfach und billig reparieren lassen und viel leichter als Blech sind. Mit den leicht auswechselbaren GFK-Karosserien können die Fahrzeuge ihr Aussehen verändern. Manche Karosserien haben ein ganz spezielles Design.

Schnell und weit

Bei Monster-Trucks, die in Rennen eingesetzt werden, »rasiert« man oft mit Spezialwerkzeugen die Reifen. So können die Teams eigene Reifenprofile erzeugen, aber auch das Fahrzeuggewicht verringern: um bis zu 90 kg pro Reifen. 2012 stellte Bigfoot 18 mit 65,2 m Weite einen neuen Weltrekord für Sprünge mit Monster-Trucks auf.

Die Federungen der Trucks verkraften harte Stöße.

Überlanger Lastwagen

Road Train

Road Trains sind ganze »Züge« von Anhängern, die von einer einzigen, starken Zugmaschine gezogen werden. Den Weltrekord stellte 2006 ein Mack auf, der in Australien 112 Anhänger mehr als 100 m weit zog.

Road Trains findet man vor allem in Australien, Argentinien und Nordamerika, wo sie Vieh, Kraftstoff, Erze aus Bergwerken und andere Massengüter befördern.

Sattelkupplung

Die hufeisenförmige Metallplatte der Sattelkupplung hat in der Mitte eine Öffnung für den Königszapfen des Aufliegers (siehe unten). Der Zapfen wird in der Öffnung verriegelt, kann sich dort aber drehen. Dieser Kupplungstyp wird zwischen Zugmaschine und erstem Auflieger sowie auf den Dollys der weiteren Auflieger verwendet.

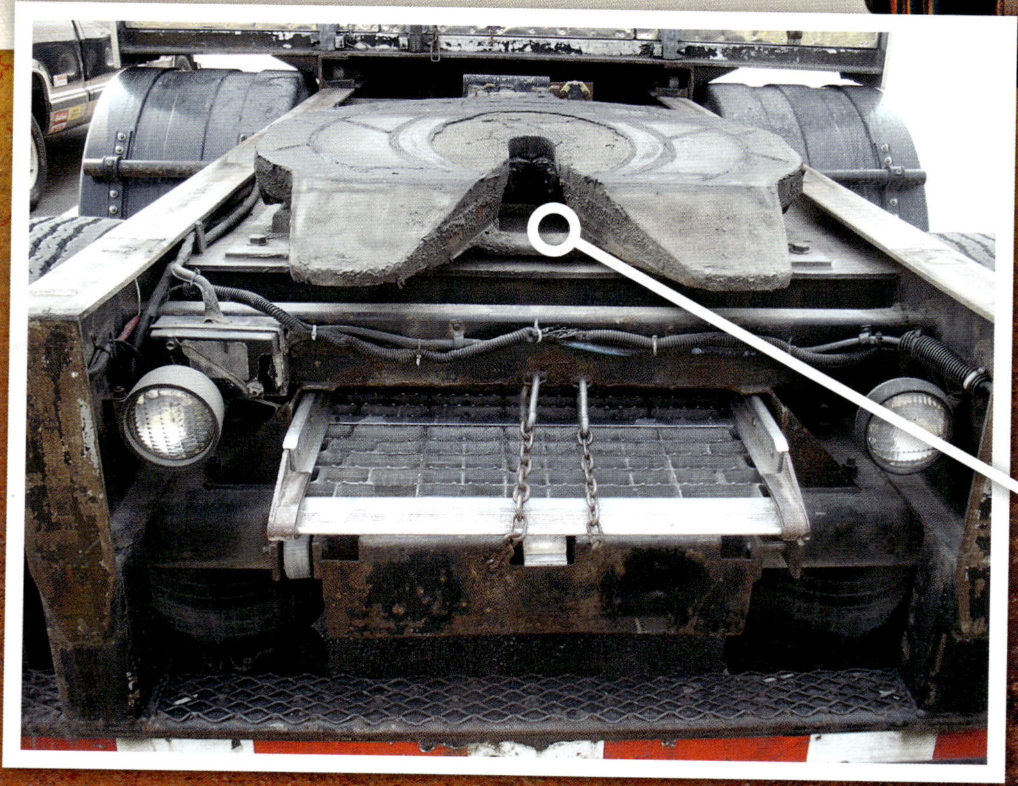

Kipper mit enormer Nutzlast

Der Liebherr T 282 B (siehe Seite 61) ist ein übergroßer Muldenkipper für den Bergbau. Der zweiachsige Kipper mit starrem Rahmen und dieselelektrischem Antrieb kann bis zu 363 Tonnen Nutzlast befördern.

Lange Reihe

Die meisten Road Trains haben zwei bis vier Anhänger, diejenigen mit fünf oder sechs Anhängern nennt man auch »Powertrains«. Sie haben mitunter einen weiteren Motor in einem der hinteren Anhänger, der aus dem Führerhaus ferngesteuert wird. Ohne diese Hilfe könnte die Antriebswelle der Zugmaschine oder eine der Anhängerdeichseln brechen.

In Australien sind auf öffentlichen Straßen höchstens 115 Tonnen Gewicht und 53,5 m Länge zulässig. Für die Monster auf Privatstraßen gelten diese Beschränkungen jedoch nicht!

Die leistungsstarke Zugmaschine hat zwei angetriebene und eine gelenkte Achse. Je nach Lkw-Typ werden die Anhänger mit Maul- oder Sattelkupplungen angehängt.

Road Train

Länge	1474,3 m (Rekord)
Gewicht	1279 Tonnen
Zugmaschine	Mack Titan

Dicker Bohrer

Bertha

Tunnel kann man mit riesigen »Maulwürfen« bohren, den Tunnelbohrmaschinen (TBM). Die größte, die von Hitachi Zosen in Japan gebaute »Bertha«, gibt es in Seattle, USA.

Mit großen Schneidwerkzeugen an ihrer Vorderseite frisst sich »Bertha« durch den Boden. Der Abraum wird durch die gesamte TBM hindurch nach hinten abtransportiert. »Bertha« arbeitet sich sehr langsam voran: je nach Umgebung mit etwa 7,5 cm pro Minute, das sind 756 m pro Woche!

Laserführung

»Bertha« wird durch Laser geführt. Der Laserstrahl verläuft von hinten durch die TBM zu einem Steuersystem am vorderen Ende, das die Maschine genau auf dem geplanten Weg durch das Gestein führt. Der Bediener steuert »Bertha« über die Hydraulikzylinder, die die Maschine nach vorn drücken. Auch bei einem kilometerlangen Tunnel sollte »Bertha« nicht mehr als 15 cm vom geplanten Zielpunkt abweichen.

Maßgeschneiderte Größe

»Berthas« Bohrkopf hat fast 17,4 m Durchmesser und ist genauso groß wie der spätere Tunneldurchmesser. Natürlich ist das nur das vordere Ende! Insgesamt ist »Bertha« fast 100 m lang. Die TBM wird in 40 Teilen mit einem Kran in den gut 24 m tiefen Startschacht abgesenkt und dort zusammengebaut.

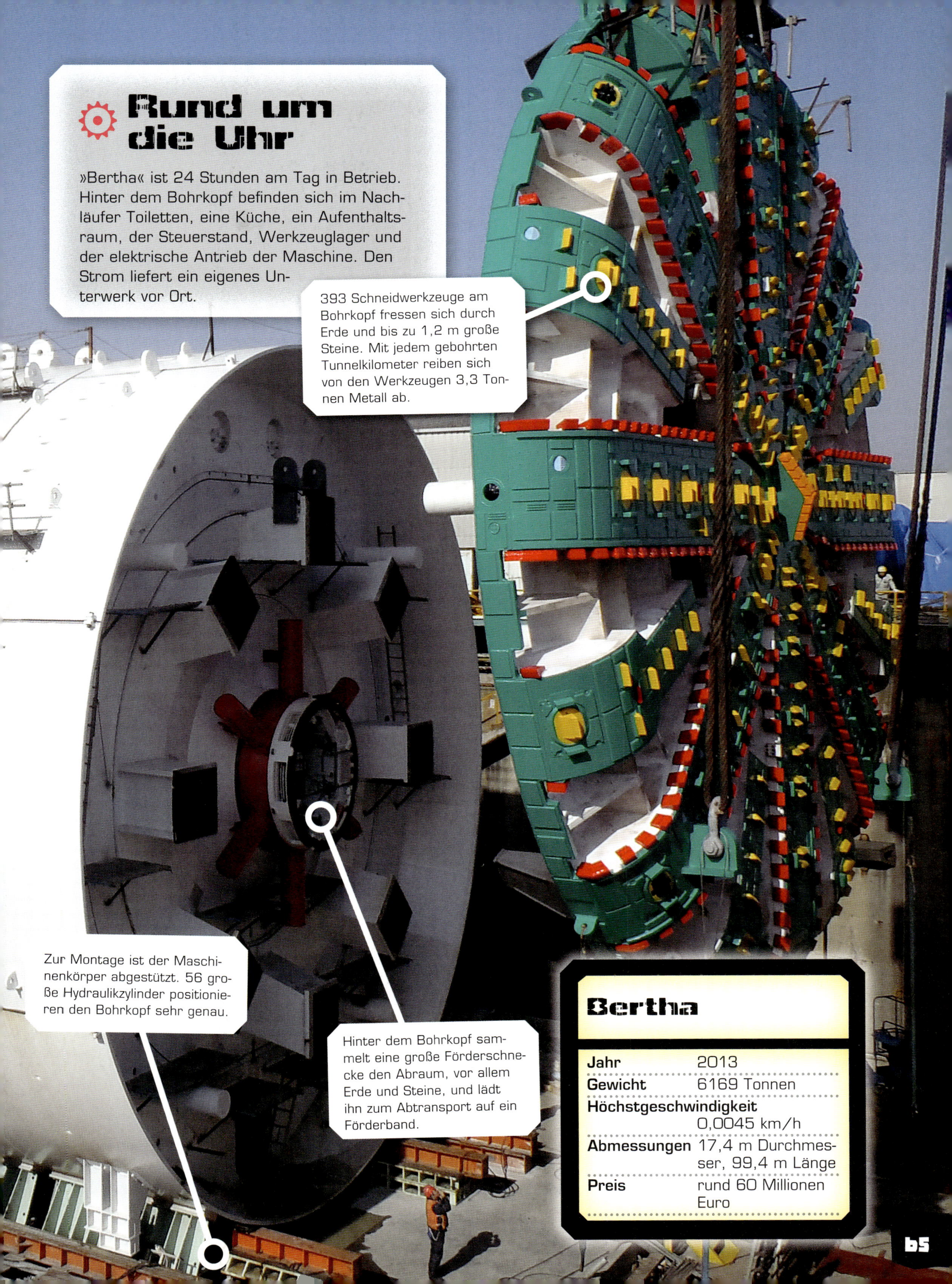

Rund um die Uhr

»Bertha« ist 24 Stunden am Tag in Betrieb. Hinter dem Bohrkopf befinden sich im Nachläufer Toiletten, eine Küche, ein Aufenthaltsraum, der Steuerstand, Werkzeuglager und der elektrische Antrieb der Maschine. Den Strom liefert ein eigenes Unterwerk vor Ort.

393 Schneidwerkzeuge am Bohrkopf fressen sich durch Erde und bis zu 1,2 m große Steine. Mit jedem gebohrten Tunnelkilometer reiben sich von den Werkzeugen 3,3 Tonnen Metall ab.

Zur Montage ist der Maschinenkörper abgestützt. 56 große Hydraulikzylinder positionieren den Bohrkopf sehr genau.

Hinter dem Bohrkopf sammelt eine große Förderschnecke den Abraum, vor allem Erde und Steine, und lädt ihn zum Abtransport auf ein Förderband.

Bertha

Jahr	2013
Gewicht	6169 Tonnen
Höchstgeschwindigkeit	0,0045 km/h
Abmessungen	17,4 m Durchmesser, 99,4 m Länge
Preis	rund 60 Millionen Euro

Riesiges Landfahrzeug

Bagger 288

Der riesige Bagger 288 gehört zu einer Reihe ähnlicher Schaufelradbagger, die alle zu den größten Landfahrzeugen der Welt zählen.

Statt einer einzigen riesigen Schaufel hat dieser Baggertyp ein großes Rad, an dem ringsum viele Schaufeln sitzen. Wenn sich das Rad dreht, füllt sich eine Schaufel nach der anderen.
Bagger 288 kann täglich 240 000 m³ Abraum oder Kohle fördern. Das entspricht einem 30 m tiefen Loch von der Größe eines Fußballplatzes – jeden Tag.

Raupe

Der Bagger bewegt sich sehr langsam: Mit nur 1 km/h »kroch« er im Rheinischen Braunkohlerevier von einem Tagebau zum anderen. Auch das Oberteil mit den langen Auslegern für Schaufelrad und Gegengewicht schwenkt nur langsam: je nach Richtung um 5 m pro Minute.

Über eine Förderbandbrücke wird das geförderte Material abtransportiert. Der dahinter sichtbare Ausleger mit Gegengewicht verhindert, dass der Bagger umkippt.

Bagger 288 im Größenvergleich

Genau steuerbar

Der Bagger wird von fünf Mann bedient, ein Großteil des Betriebs ist jedoch mit Sensoren, GPS, Datenerfassung und Online-Überwachung automatisiert. Sensoren ermitteln die Materialmenge und passen die Geschwindigkeit des Förderbands automatisch an. Über ein Datennetz lässt sich der Arbeitsfortschritt damit direkt verfolgen.

Bagger 288

Jahr	1978
Gewicht	14 200 Tonnen
Höchstgeschwindigkeit	1 km/h
Abmessungen	220 m lang, 96 m hoch

Hoher Mobilkran

Liebherr LTM 11200-9.1

Der höchste Mobilkran ist auch der stärkste: Er könnte bis zu zwölf Blauwale auf einmal heben. Der Ausleger lässt sich hydraulisch 100 m ausfahren. Eingefahren ist er so lang wie das Kranfahrzeug selbst und muss auf einem separaten Tieflader zum Einsatzort befördert werden.

Mit dem Kran werden schwere Lasten gehoben. Besonders geeignet ist er zum Montieren und Reparieren großer Windkraftanlagen. Mit etwa 100 m Nabenhöhe sind sie für die meisten anderen Kräne zu hoch.

Liebherr LTM 11200-9.1

Jahr	2007
Gewicht	96 Tonnen
Höchstgeschwindigkeit	75 km/h
Abmessungen	20 m lang, 100 m größte Hubhöhe
Leistung	500 kW (Fahrmotor)

Fliegender Kran

Manchmal muss man Lasten höher heben, als der höchste Kran reicht, oder in einer engen Umgebung bewegen, in der für einen Kran kein Platz ist. Dann kann man Lasten mit einem Hubschrauber heben.

Ein Boeing-Vertol CH-47 befördert ein Fahrzeug.

Standhaft

Starke, seitlich weit ausfahrbare Stützen bieten dem Kranfahrzeug im Einsatz eine stabile Basis. Das allein würde bei einer schweren Last am Haken aber nicht reichen. An der Rückseite des drehbaren Oberwagens sind bis zu 202 Tonnen Gegengewicht angebracht. Es verhindert, dass der lange Ausleger (Kranarm) und die Last den Kran umkippen lassen.

Noch höher

Die beim Bau von Hochhäusern eingesetzten Turmdrehkräne sind noch höher als der LTM 11200-9.1 Sie stehen jedoch fest in einem Betonfundament und werden auf der Baustelle zusammengesetzt. Die meisten dieser Kräne haben einen hohen Gittermastturm, einen waagerechten Ausleger für die Last und einen Gegenausleger, der das Gegengewicht hält, in der Regel Betonplatten.

Schwerer Muldenkipper

Caterpillar 797F

Der 797F ist der schwerste Muldenkipper der Welt: Er kann mehr als 360 Tonnen Nutzlast tragen. Fahrzeuge mit derartiger Leistung werden als »Ultra-Klasse« bezeichnet.

Der 797F kommt meistens in Tagebauen zum Einsatz, wo eine Schaufelladung Erz oder Abraum schon über 80 Tonnen wiegen kann. Ein derart großer Kipper ist im Betrieb billiger, weil weniger Fahrten nötig sind, um das Material vom Bagger weg zu befördern.

Caterpillar 797F

Jahr	2009
Gewicht	623,7 Tonnen
Höchstgeschwindigkeit	68 km/h
Abmessungen	15 m lang, 15,7 m hoch (mit angehobener Mulde)
Leistung	2828 kW
Motor	Cat C175-20 ACERT

Der Fahrer braucht eine Leiter, um in das Führerhaus zu gelangen.

Der gewaltige V-Motor hat 20 Zylinder, die in einem einzigen Block angeordnet sind. Vier Turbolader pressen Luft in die Zylinder, um den Kraftstoff besser zu verbrennen.

Zu groß für Straßen

Weil der 797F für öffentliche Straßen zu schwer und breit ist, wird er erst am Einsatzort zusammengebaut. 12 oder 13 Tieflader liefern alle Teile an: Zwei Tieflader werden allein für die Reifen benötigt, vier für die Mulde. Für den Zusammenbau brauchen sieben Techniker 20 Tage – rund um die Uhr. Zur Fahrt an einen anderen Einsatzort muss der 797F erneut zerlegt und danach wieder zusammengebaut werden.

Der Muldenschild schützt das Führerhaus vor herabfallender Ladung.

Bergbau auf Bergen

Manche Tagebaue liegen in großer Höhe, wo der Luftdruck niedrig ist. Das ist problematisch für Motoren, die viel Luft für die Verbrennung benötigen. Der Motor des 797F lässt sich für Höhen bis 4877 m über dem Meeresspiegel einstellen.

Ferngesteuerte Kipper

In einigen Tagebauen in Australien, den USA und Chile setzt man ferngesteuerte Kipper der Ultra-Klasse ganz ohne Fahrer ein. Die Fahrzeuge nutzen hoch entwickelte GPS-Systeme, Radarsensoren und Kameras, um ihren Weg auch um Hindernisse herum zu finden.

Der 797F fährt auf sechs der weltgrößten Reifen: Michelin 59/80 R 63 XDR. Mit 4 m Durchmesser wiegen sie je 5,3 Tonnen und kosten etwa 32 000 Euro.

Amphibienfahrzeug

WaterCar Python

Wer schon immer mal einfach von der Straße herunter über einen See oder Fluss fahren wollte, braucht etwas wie den WaterCar Python. Ein fantastisches Amphibienfahrzeug: an Land ein Auto, im Wasser ein Motorboot!

Jeder Python wurde von Hand mit dem vom Kunden gewünschten Corvette-Motor gebaut. Im Wasser sorgt ein Dominator-Wasserstrahlantrieb für flotte Fahrt. Der Innenraum des Python ist wie bei einem Motorboot gehalten: mit zwei Einzelsitzen vorn und einer Sitzbank dahinter.

WaterCar Python

Gewicht	1723 kg
Höchstgeschwindigkeit	96,5 km/h im Wasser, 201 km/h an Land
Beschleunigung	0-100 km/h in 4,6 Sekunden
Länge	6,25 m
Preis	ab 130 000 Euro

Für die Fahrt im Wasser hat der Python einen Wasserstrahlantrieb. An Land treibt der Motor wie üblich die Räder an.

Die beiden Türen sind, anders als bei einem normalen Auto, absolut wasserdicht.

Wasserski mit Antrieb

Ein Jet-Ski (auch »Jet-Boot«) ist ein »Wassermotorrad«: eine Kreuzung zwischen Motorboot und Motorrad für bis zu drei Personen. Das sportliche Kawasaki Ultra 300X hat einen aufgeladenen 1,5-Liter Motor, der 221 kW Leistung an den Wasserstrahlantrieb abgibt.

Der kompakte Humdinga bei schneller Wasserfahrt

Einsatzfahrzeuge

Der Gibbs Phibian ist ein amphibisches Rettungsfahrzeug, das auf dem Wasser mit zwei Wasserstrahlantrieben fast 50 km/h erreicht. In weniger als zehn Sekunden werden die Räder in den Kunststoffrumpf eingezogen, um den Strömungswiderstand im Wasser zu vermindern. Der Phibian ist für Polizeiaufgaben und für den Einsatz bei Naturkatastrophen wie Überschwemmungen und Tsunamis gedacht.

Wie eine Ente im Wasser

Der DUKW (gesprochen wie engl. »duck«, »Ente«) war ursprünglich ein Militär-Lkw. Heute werden DUKWs vor allem für Touristenfahrten und als Rettungsfahrzeuge eingesetzt. Bei diesem Typ konnte der Fahrer erstmals vom Führerhaus aus den Reifendruck entsprechend dem befahrenen Untergrund verändern.

Im Wasser werden die Räder in den Rumpf eingezogen. Damit hat der Python einen glatten Gleitrumpf wie ein Rennboot.

Ein DUKW mit Touristen auf der Themse in London

Flitzer auf dem Wasser

Spirit of Australia

Auf dem Wasser ist nichts schneller als ein Rennboot aus Holz und Kunststoff, das in einem australischen Hinterhof entstand. Ken Warby baute »Spirit of Australia« in den 1970er-Jahren und stellte damit 1978 einen Weltrekord mit 511,11 km/h auf.

»Spirit of Australia« wurde von einem Strahltriebwerk Westinghouse J34 angetrieben, das Ende der 1940er-Jahre Militärflugzeuge antrieb. Warby erwarb es gebraucht bei einer Auktion für 69 Dollar.

Gleiter

Der Rumpf sehr schneller Boote hat seitlich zwei breite »Tatzen«, die dicken Skiern ähneln. Darauf gleitet das Boot über das Wasser; die zwischen den Tatzen hindurchströmende Luft verleiht dem Boot Auftrieb. Bei hohen Geschwindigkeiten berühren nur noch die Tatzenenden, das Ruder und der Antriebspropeller das Wasser.

Navigation

Für Hochsee-Rennboote ist – anders als für solche auf Binnengewässern – die Navigation unerlässlich, da es auf See wenig Orientierungsmöglichkeiten gibt. Zu den Steuerelementen von Hochseebooten gehört eine digitale Kartendarstellung mit der Position des Bootes.

Motorbootrennen

Formel-1-Rennen mit Booten sind ähnlich spannend wie mit Autos. Die Boote sind ganz auf Geschwindigkeit ausgelegt, haben starke Wasserstrahlantriebe und Stromlinienform. Als Katamarane haben sie einen »Tunnel« zwischen den beiden Rümpfen, bei Höchstgeschwindigkeit berühren sie kaum noch das Wasser. Formel-1-Boote wiegen nur 390 kg, davon entfällt ein Drittel auf den Antrieb. Sie erreichen etwa 250 km/h.

Die strömungsgünstige Form vermindert den Luftwiderstand. Das Boot kann aber keine Kurven fahren – nur geradeaus!

Mit dem Rahmen aus Nadelholz und der Beplankung aus Sperrholz und Kunststoff ist der Rumpf leicht und stabil.

»Spirit of Australia« ist ein sogenannter »Dreipunkter«: Bei Höchstgeschwindigkeit berühren nur die beiden vorderen Tatzen und das Ruder am Heck das Wasser.

Spirit of Australia

Jahr	1978
Gewicht	1500 kg
Höchstgeschwindigkeit	511,11 km/h
Länge	8,22 m
Baukosten	rund 7500 Euro
Leistung	4474 kW, 1587 kg Schub
Antrieb	Westinghouse J34

Mini-U-Boot

Einmann-U-Boot

Wie wäre es mit einem kleinen Privat-U-Boot? Neben anderen Tüftlern hatte auch der aus Rjasan stammende Russe Michail Puchkow seine eigenen Vorstellungen. Er baute sein U-Boot heimlich auf dem Dachboden und teste es nachts, um nicht gesehen zu werden.

Puchkows U-Boot kann 7,4 km/h erreichen und von St. Petersburg ohne Halt bis zu einer Insel vor Finnland fahren – hin und zurück insgesamt 320 km.

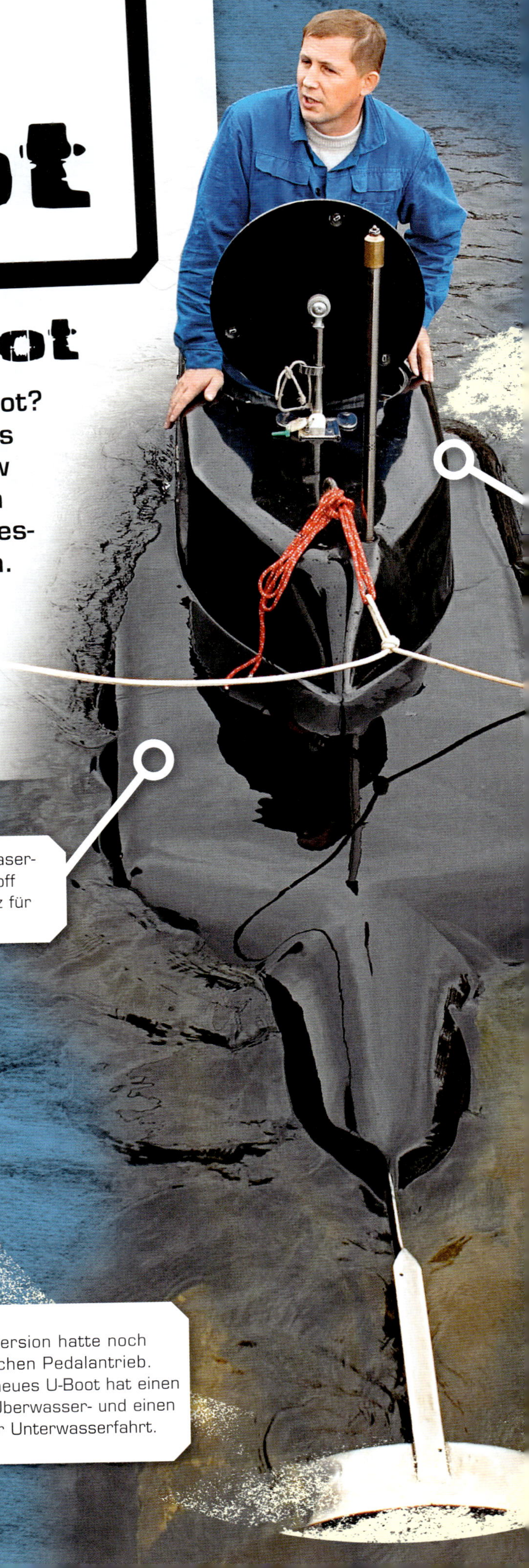

Der Rumpf aus glasfaserverstärktem Kunststoff (GFK) bietet nur Platz für eine Person.

Die erste Version hatte noch einen einfachen Pedalantrieb. Puchkows neues U-Boot hat einen Motor für Überwasser- und einen weiteren für Unterwasserfahrt.

Eigener Delfin

Wer sein U-Boot nicht selbst bauen möchte, kann es auch kaufen. Eines der tollsten ist wohl der Seabreacher J. Er sieht nicht nur wie ein Delfin aus, er kann auch dessen Bewegungen nachahmen, aus dem Wasser springen und kurzzeitig 5 m tief tauchen. Es sind auch andere Versionen lieferbar, die wie ein Hai oder ein Schwertwal (Orca) aussehen.

An der Oberfläche erreicht der Delfin bis zu 40 km/h.

Durch winzige Bullaugen kann der Fahrer hinaussehen.

Unterwasser-Tretboot

Omer 8 ist das neueste einer Reihe von U-Booten mit Pedalantrieb, die eine Gruppe von Studenten in Montreal, Kanada, entwickelt hat. Beim Treten treibt der Fahrer einen Propeller an, der das U-Boot durch das Wasser schiebt. Der Propeller hat jedoch ein hoch entwickeltes elektronisches Steuerungssystem; das Boot fährt doppelt so schnell wie Puchkows.

Zu den Fischen

Mit kleinen Tauchbooten beobachten Wissenschaftler und auch Touristen Fische in ihrer natürlichen Umgebung. Das Nemo 100 ist ein deutsches Mini-U-Boot, mit dem Touristen in die Unterwasserwelt der Ostsee eintauchen können.

Mini-U-Boot

Jahr	1988 (erste erfolgreiche Tauchfahrt)
Höchstgeschwindigkeit	7,4 km
Länge	14,8 m (Version mit Motor), 3 m (Version ohne Motor)

Tief-taucher

Kaiko

Die Tiefsee ist sehr, sehr tief. Doch das unbemannte Tauchfahrzeug »Kaiko« war genau dort: 10 911 m tief im Challengertief, dem tiefsten Seegebiet der Welt.

Mit Sonarscannern und vier Videokameras kartografierte und filmte »Kaiko« den Meeresboden. Das Tauchfahrzeug ging verloren, als 2003 in einem Taifun das Verbindungskabel zum Startfahrzeug brach.

Was ist dort unten?

Unbemannte ferngesteuerte oder auch autonome Tauchfahrzeuge (»Tauchroboter«) sind vielseitig einsetzbar. Mit Scannern, Kameras und Radar können sie den Meeresboden kartografieren und erforschen. Andere sammeln Wasserproben, Gestein und Tiere in der Tiefsee, die zu den rauesten Lebensräumen der Erde gehört. Sie können dort unten auch faszinierende Filmaufnahmen machen.

Tauchroboter können gesunkene Wracks filmen.

Kaiko

Jahr	1995
Gewicht	5000 kg
Länge	3 m

250 m Kabel verbanden »Kaiko« (unten) mit dem Startfahrzeug (oberer Teil), das wiederum über 12 km Schleppleine, Strom- und Steuerkabel mit dem Mutterschiff verbunden war.

Mechanische Greifer haben Proben vom Meeresboden entnommen. Kaikos Greifer konnten ein rohes Ei handhaben, ohne es zu zerbrechen.

Solar-U-Boot

Das solargetriebene, unbemannte SAUV II kann bis zu 500 m tief tauchen. Ein 1 m² großes Solarmodul lädt seine Lithium-Ionen-Batterie. Das Fahrzeug dient zum Beobachten von Umweltbedingungen, zur Sicherheitsüberwachung von Küsten oder auch zur Kontrolle der Wasserqualität in Talsperren. Es wird autonom von einem Computer gesteuert und kann per Funk Daten senden.

Tiefste Tauchfahrt

Die tiefste Tauchfahrt eines bemannten Fahrzeugs absolvierte 1960 die »Trieste« mit 10 911 m im Challengertief. Unter dem 15 m langen Auftriebskörper hing der kugelförmige Druckkörper für zwei Mann Besatzung. Seine 12,7 cm dicken Wände hielten dem Wasserdruck von 1000 Atmosphären stand.

Langes Schiff

Seawise Giant

Den größten Supertanker der Welt, ein Rohöltanker der Ultra-Klasse, trieb eine Dampfturbine an, die von zwei enormen Kesseln gespeist wurde. Aus rund 30 km/h brauchte er knapp 9 km, um anzuhalten.

Obwohl nach Vermessung nicht ganz das größte Schiff, war die »Seawise Giant« das längste. Der Tanker wurde 1988 im Iran-Irak-Krieg bombardiert und auf Grund gesetzt. Nach der Bergung und Reparatur befuhr er bis 2004 die Weltmeere, diente dann als schwimmendes Rohöllager und wurde schließlich 2010 abgewrackt.

Das Schiff hatte im Laufe der Zeit verschiedene Namen. Als schwimmendes Öllager hieß es »Knock Nevis«.

Bei voller Beladung lag der Kiel 24,6 m unter der Wasserlinie. Damit hatte das Schiff zu viel Tiefgang, um durch den Ärmelkanal oder Panamakanal zu fahren.

Riesige Teile

An der »Seawise Giant« war alles riesig. Allein der Anker wog 30 Tonnen. Das Ruder wog 208 Tonnen, der Propeller hatte 9 m Durchmesser und wog 45 Tonnen. Voll beladen hatte das Schiff eine Verdrängung von 646 642 Tonnen. Als Maß für das Gewicht eines Schiffes dient das Gewicht des von ihm verdrängten Wassers.

Antrieb und Steuerung

Wenn sich der Fünfblatt-Propeller bei einem Schiff wie der »Seawise Giant« dreht, übt er Zug- und Druckkräfte auf das Wasser aus. Das Wasser wird in den rotierenden Propeller gesaugt und nach hinten ausgestoßen; der so entstehende Strahl drückt das Schiff vorwärts. Das senkrecht stehende Ruderblatt bestimmt die Fahrtrichtung: Es lenkt den um den Rumpf fließenden Wasserstrom um, wodurch sich das Schiff zur gewünschten Seite dreht.

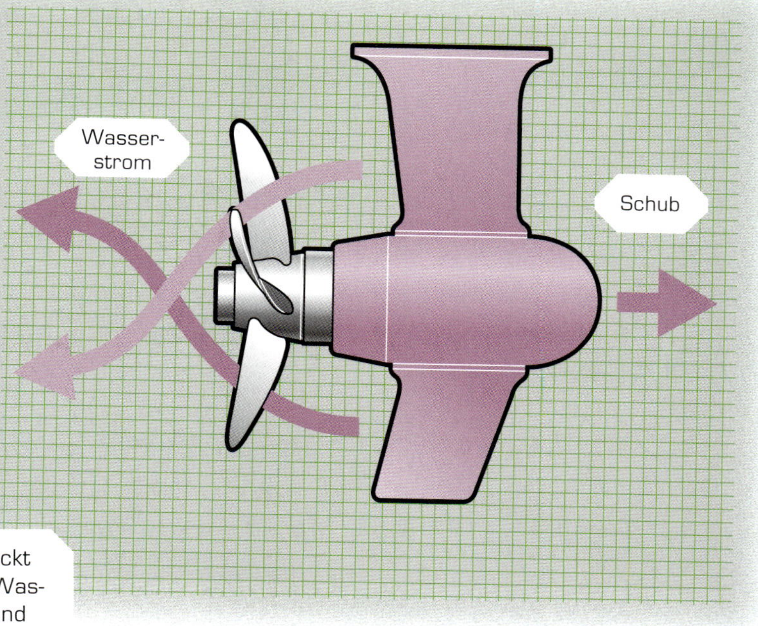

Der Propeller drückt das angesaugte Wasser nach hinten und das Schiff dadurch nach vorn.

»Seawise Giant« hatte 31 541 m² Decksfläche und 46 Tanks für das Rohöl.

Das gewaltige Schiff konnte über eine halbe Million Tonnen Fracht, Vorräte und Brennstoff mitführen: Die sogenannte »Tragfähigkeit« lag bei 564 650 Tonnen.

Seawise Giant

Jahr	1981
Gewicht	646 642 Tonnen (Verdrängung beladen)
Höchstgeschwindigkeit	30,6 km/h
Länge	458,45 m
Preis	rund 22,5 Millionen Euro
Leistung	37 300 kW

Rumpfverlängerung

Beim Stapellauf war die »Seawise Giant« kürzer. Als der ursprüngliche Kunde den Auftrag stornierte, ließ der nächste Käufer den Rumpf in zwei Teile trennen und ein neues, 81 m langes Mittelstück einfügen. Man ging davon aus, dass sich ein größeres Schiff günstiger betreiben und besser verkaufen ließe.

Bodeneffektfahrzeug

19XRW Hoverwing

Alle Luftkissenfahrzeuge schweben auf einem Luftkissen, aber dieses hier kann fliegen! Das mehrsitzige 19XRW ist ein Bodeneffektfahrzeug: eine Kreuzung aus Luftkissenfahrzeug und Flugzeug.

Mit der Nylonschürze schwebt es 28 cm über Land oder Wasser – aber mit Flügeln kann es unebenes Gelände oder unruhige See in 6 m Höhe überfliegen. Über bis zu 7 m hohe Hindernisse kann es sogar »springen«! Mit dem 2-Zylinder-Turbomotor lassen sich 126 km/h erreichen, mit einer Tankfüllung kann man 225 km weit oder vier Stunden lang fahren.

Ohne die abnehmbaren Flügel wird das Hoverwing zu einem schnittigen Luftkissenfahrzeug. Die Flügel lassen sich einrollen und im Inneren verstauen.

Flott und wendig

Die einsitzigen Formel-1-Luftkissenfahrzeuge sind klein und leicht, die Rennstrecke führt über Land und Wasser. Motorenzahl, Hubraum oder Leistung sind bei den Rennen nicht beschränkt.

Rennen mit Luftkissenfahrzeugen werden immer beliebter.

19XRW Hoverwing

Gewicht	520 kg
Höchstgeschwindigkeit	126 km/h
Abmessungen	5,8 m lang, 2,3 m breit, 2 m hoch
Preis	rund 178 000 Euro

So funktioniert ein Luftkissenfahrzeug

Ein Luftkissenfahrzeug muss sich vom Boden heben und gleichzeitig vorwärtsbewegen. Dazu treibt ein Motor zwei Luftschrauben an. Eine bläst Luft unter das Fahrzeug, die dort von der Schürze als Kissen gehalten wird und das Fahrzeug anhebt. Die andere drückt einen Luftstrom nach hinten, der das Fahrzeug nach vorn schiebt.

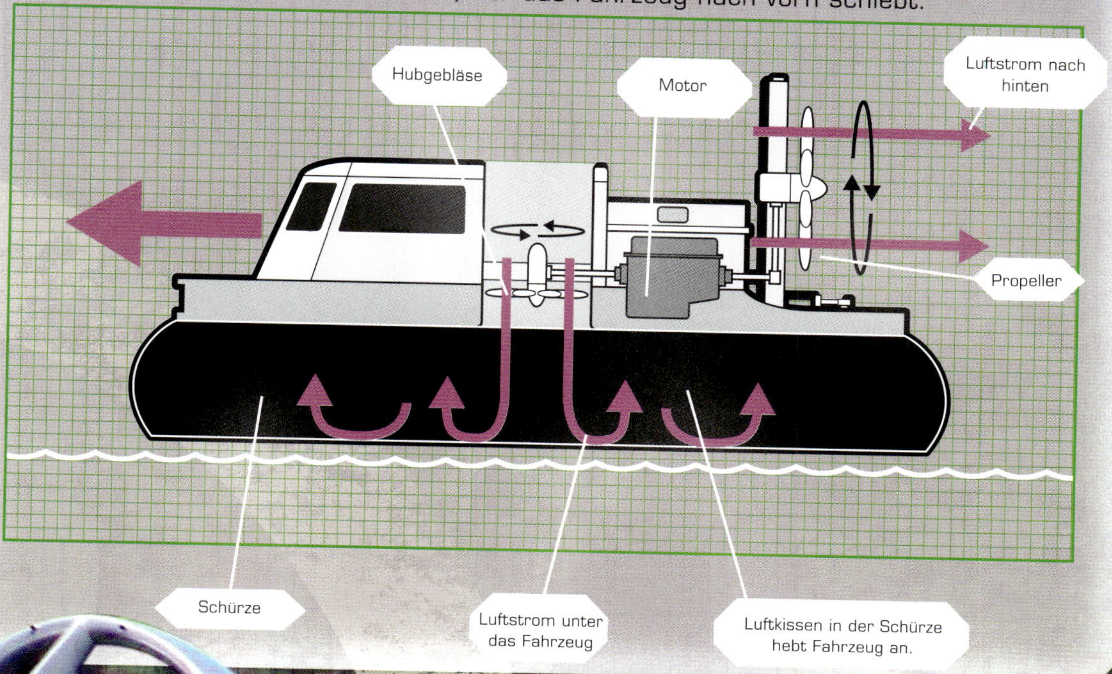

Ein Druckpropeller mit 1,5 m Durchmesser sorgt für den Vortrieb, ein Vierblatt-Hubgebläse mit 86 cm Durchmesser für den Auftrieb.

Der besonders stabile Rumpf besteht aus Kevlar und Kohlenstofffaser-Kunststoff mit einem leichten Schaumkern. Der Auftrieb macht das Hoverwing unsinkbar.

Das Schnellste

Das bisher schnellste Luftkissenfahrzeug war das besonders stromlinienförmige, auf den Namen »Jenny II« getaufte Universal UH-19P. Bob Windt erreichte damit 1995 bei der Weltmeisterschaft in Portugal 137,4 km/h. Der V6-Motor trieb den hinteren Antriebspropeller und das nach unten weisende Hubgebläse an.

Dicke Pötte

»Allure/Oasis of the Seas«

Riesige Passagierschiffe sind mehr als schwimmende Hotels: Wie kleine Städte fahren sie über die Weltmeere.

Die Schwesterschiffe »Allure of the Seas« und »Oasis of the Seas« bieten jeweils Platz für 5400 Passagiere und 2384 Besatzungsmitglieder. Mit 362 m Länge sind sie die größten Passagierschiffe der Welt. Allein die Rümpfe wiegen je 49 000 Tonnen. Die 18 Rettungsboote können jeweils 370 Personen aufnehmen, insgesamt also 6660 Menschen.

In drei 20 000-kW-Propellergondeln am Heck treiben Elektromotoren Propeller mit 6 m Durchmesser an. Das Schiff hat keine Ruder: Zum Steuern werden die Propeller geschwenkt.

Durstige Schiffe

Die 16-Zylinder-Motoren der beiden Schiffe verbrauchen pro Stunde 5210 Liter Brennstoff, die 12-Zylinder-Motoren 3910 Liter – insgesamt also 9120 Liter pro Stunde.

Allure of the Seas

Jahr	2010
Gewicht	90 700 Tonnen (Verdrängung beladen)
Höchstgeschwindigkeit	42 km/h
Abmessungen	362 m lang, 65 m breit, 72 m hoch
Preis	rund 900 Millionen Euro
Leistung	88 200 kW

Luxus auf See

Beide Schiffe haben eine sich über zwei Decks erstreckende Diskothek, ein Theater für 1380 Zuschauer, eine Eislaufbahn und Einkaufsmöglichkeiten. Daneben gibt es eine Seilrutsche, eine Minigolfanlage, fünf Swimmingpools, eine Sporthalle, Volleyball- und Basketballplätze, Themenparks, Nachtclubs, einen Wasserpark für Kinder, Karussells, ein Labor für Jugendliche, Karaoke- und Comedy-Clubs. Es gibt sogar einen Park mit 12 000 Pflanzen und 56 Bäumen!

Luxusleben an Bord des größten Passagierschiffs

Die Schornsteine lassen sich zum Passieren von Brücken einziehen.

Besonders nobel sind die zweistöckigen Lofts und 150 m² großen Luxussuiten mit Balkons auf der Seeseite.

Leistung

Jedes Schiff hat sechs mittelschnell laufende Dieselmotoren: drei mit 16 Zylindern und drei mit 12 Zylindern. Mit ihrer Gesamtleistung von 88 200 kW wird Strom erzeugt. Den Strom nutzt man für den elektrischen Schiffsantrieb sowie für Beleuchtung, Aufzüge und alle anderen Geräte.

Weltumrundung in Rekordzeit

Earthrace

Den Rekord für die schnellste Weltumrundung mit einem Motorboot hält die seltsam aussehende »Earthrace«. 2008 fuhr sie in 60 Tagen, 23 Stunden und 49 Minuten um die Erde.

Der mit Biodiesel betriebene Trimaran hatte weitere umweltfreundliche Merkmale wie Schmierstoffe aus Pflanzenöl, Filter für das Bilgewasser und Verbundwerkstoffe aus Hanf. Bei Operationen gegen den Walfang sank er 2010 nach der Kollision mit einem Walfangschiff.

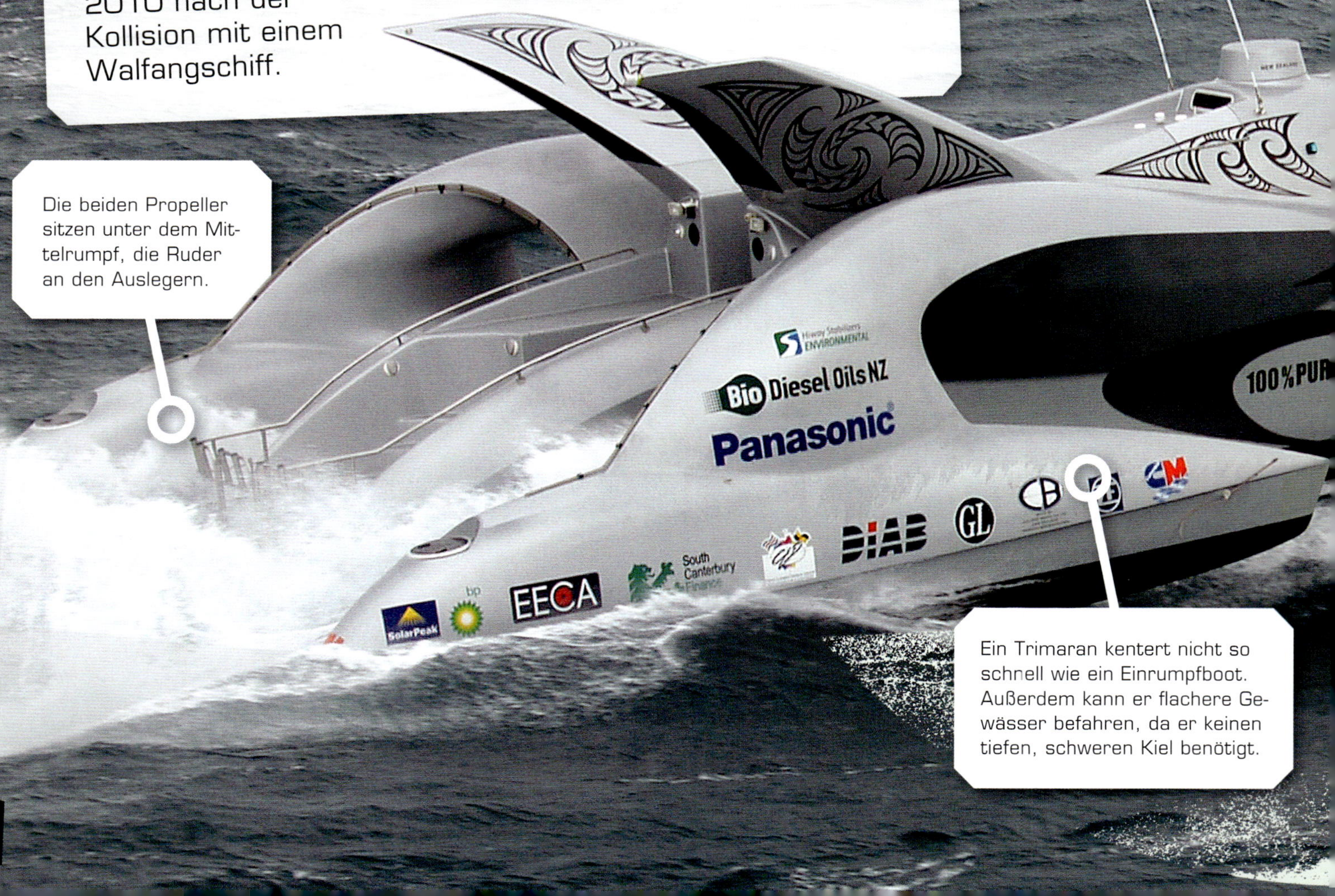

Die beiden Propeller sitzen unter dem Mittelrumpf, die Ruder an den Auslegern.

Ein Trimaran kentert nicht so schnell wie ein Einrumpfboot. Außerdem kann er flachere Gewässer befahren, da er keinen tiefen, schweren Kiel benötigt.

Größtes Solarboot

Die »Tûranor PlanetSolar« umrundete 2012 als erstes solarelektrisch angetriebenes Fahrzeug die Erde und brauchte dafür 584 Tage. Die Solarmodule erzeugen bis zu 93 kW Strom für den Antrieb der beiden Motoren. Das Boot erreicht bis zu 26 km/h, die Marschgeschwindigkeit liegt jedoch bei 13,9 km/h. Bei 31 m Länge verdrängt es 85 Tonnen.

Die »Tûranor PlanetSolar« hat gut 500 m² Solarmodule mit 38 000 einzelnen Solarzellen.

Das Fahrzeug bietet Platz für bis zu 60 Passagiere.

Earthrace

Jahr	2008
Höchstgeschwindigkeit	59,3 km/h
Abmessungen	24 m lang, 7 m breit
Preis	knapp 2 Millionen Euro
Leistung	800 kW

Der Trimaran hat einen Mittelrumpf und zwei daran mit Streben befestigte Ausleger. Trimarane bauten erstmals die Polynesier in der Südsee vor fast 4000 Jahren.

Wasserdicht

»Earthrace« konnte mit ihrem spitzen, schmalen Rumpf bis zu 15 m hohe Wellen einfach durchstoßen und unter 7 m Wasser hindurchtauchen. Eine spezielle ungiftige Antifouling-Farbe auf dem Rumpf aus Kohlenstofffaser-Verbundwerkstoff und Kevlar verhinderte rundum den Anwuchs von Algen und Muscheln.

Um die Erde

Für eine Erdumrundung auf dem Wasser stehen nur wenige Routen zur Verfügung. Um lange Umwege um die südlichen Kaps zu vermeiden, muss man den Panamakanal zwischen Nord- und Südamerika und den Suezkanal durchfahren, der in Ägypten das Rote Meer mit dem Mittelmeer verbindet.

Winziger Düsenflieger

Jet Wing

Ein persönliches Jetpack – das wäre was! In Comics und Filmen gibt es das schließlich schon seit vielen Jahren. Der Jet Wing kommt dem bereits sehr nahe: Mit 2,4 m Spannweite ist er der kleinste Jet der Welt.

Der Schweizer Pilot Yves Rossy springt mit dem selbst entwickelten Flügel aus einem Hubschrauber oder Heißluftballon ab und landet am Fallschirm. Die einzigen Steuerelemente sind ein Schubregler für die Geschwindigkeit und ein Höhenmesser. Rossy überquerte mit dem Jet Wing den Ärmelkanal und den Grand Canyon.

Der Flügel mit den Triebwerken wird mit Gurten an Schultern, Brust, Hüfte und Oberschenkeln des Piloten festgemacht. Gesteuert wird durch Gewichtsverlagerung von Kopf und Körper.

Wie Flash Gordon

Die NASA entwickelte in den 1980er-Jahren das Manned Maneuvering Unit für die Außeneinsätze von Astronauten im Weltall. Das ist aber noch kein echtes Jetpack für Superhelden, denn im All reicht geringer Schub, um einen Menschen zu bewegen. Auf der Erde müsste ein Jetpack viel leistungsfähiger sein.

Der Schub des Jetpacks ist im Wasser deutlich sichtbar.

Motorschirme

Diese Art von Fluggerät besteht aus einem Gleitsegel und einem kleinen Motor, den der Pilot auf dem Rücken trägt. Der Pilot sitzt mit dem »Rucksackmotor« auf einem kleinen Sitz unter dem Gleitsegel, er hat Handgriffe zum Bremsen sowie einen Gashebel. Motorschirme können vom Boden aus starten. Sie fliegen mit 25–70 km/h und können bis zu 5400 m Höhe erreichen.

Wegen der heißen Abgase der Strahltriebwerke muss der Pilot feuerfeste Kleidung tragen. Abschirmungen aus Kohlenstofffaser an den Düsen bieten zusätzlichen Schutz.

Die vier kleinen Strahltriebwerke Jet-Cat P200 unter dem Flügel werden sonst in Modellflugzeugen eingesetzt. Der Pilot führt 30 Liter Kerosin mit.

Jet Wing

Gewicht	54 kg
Höchstgeschwindigkeit	209 km/h
Spannweite	2,4 m

Mini-Flugzeug

Die Bede BD-5 war ein einsitziges Ultraleichtflugzeug, das in den 1970er-Jahren als Bausatz verkauft wurde. Es gab mehrere Versionen mit 4,26–6,55 m Spannweite, darunter die 480 km/h schnelle BD-5J mit Strahlantrieb. Eine BD-5J ist im James-Bond-Film »Octopussy« zu sehen.

Riesen-spannweite

Spruce Goose

Die Hughes H-4 Hercules »Spruce Goose« hatte mit 97,54 m die größte Spannweite und war auch das größte Flugboot, das je geflogen ist. Sie war ein Prototyp und das einzige jemals gebaute Exemplar.

Da Aluminium während ihrer Bauzeit im Zweiten Weltkrieg knapp war, bestand die H-4 weitgehend aus Holz – daher der Spitzname »Fichtengans«. Sie sollte 750 voll ausgerüstete Soldaten oder einen Kampfpanzer befördern.

Ohne Motor

Segelflugzeuge haben eine sehr große Spannweite und einen schlanken, leichten Rumpf. Ohne Motor hängen sie völlig vom Auftrieb an den Flügeln ab. Die Flügel sind sehr lang und schmal, da eine hohe Flügelstreckung den meisten Auftrieb und geringen Widerstand liefert.

Spruce Goose

Jahr	1947
Gewicht	180 Tonnen (beladen)
Geschwindigkeit	408 km/h (Reisegeschwindigkeit)
Abmessungen	66,65 m lang, 24,18 m hoch
Leistung	21 120 kW

Extrabreit

Die H-4 sollte während des Zweiten Weltkriegs Soldaten über den Atlantik befördern, wurde aber erst 1947, nach Kriegsende, fertig. Sie machte nur einen einzigen kurzen Testflug und flog danach nie wieder, wurde jedoch bis 1976 flugfähig gehalten. Sie bleibt das Flugzeug mit der größten Spannweite, moderne Jumbojets sind allerdings länger.

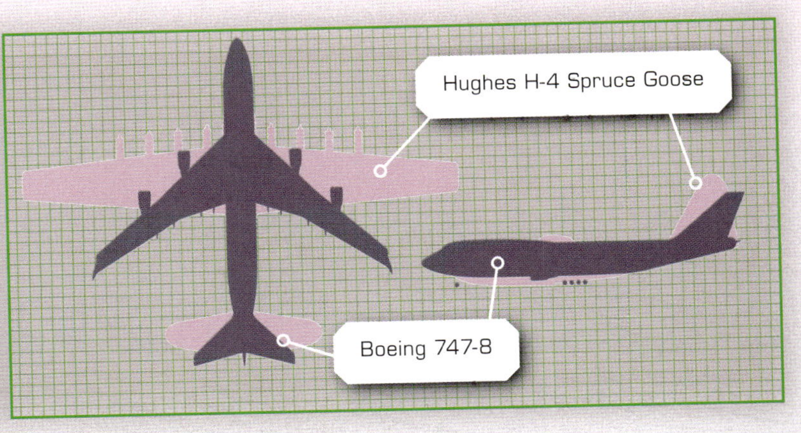

Winzige Flügel

Das Mini-Flugzeug »Stits Baby Bird« hat nur eine Spannweite von 1,93 m. Der einsitzige Hochdecker ist 3,35 m lang und wiegt 114,3 kg. Er erreicht 177 km/h Höchstgeschwindigkeit und kann auf 2880 m Flughöhe steigen. Der Rumpf besteht aus bespanntem Stahlrohr, die Flügel sind aus Holz.

Großes Luftschiff

Bullet 580

Mit 71,6 m Länge ist Bullet 580 das größte aufblasbare Luftschiff mit Motorantrieb. Es soll 907 kg Zuladung bis zu 6000 m hoch tragen.

Sechs Stunden dauert das Aufblasen der riesigen Hülle. Dennoch benötigt das Luftschiff nur wenig Platz, da es senkrecht startet und landet. Fliegen lässt es sich von einer Besatzung oder ferngesteuert. Bei Bedarf soll es 129 km/h erreichen – doch es kann auch eine Woche über derselben Stelle schweben!

Die (hier nicht montierten) Motoren laufen mit Biokraftstoff.

Die Außenhülle aus Kevlar ist nur 1,5 mm dick, aber zehnmal so fest wie Stahl. Bei einer harten Landung sollte das Luftschiff einfach wieder zurückprallen!

Luftschifftypen

Pralluftschiffe, auch »Blimps« genannt, werden wie ein Ballon aufgeblasen. Halbstarre Luftschiffe haben zwar ein Gerüst, ihre Hülle wird aber vom Druck des Traggases in Form gehalten. Starrluftschiffe (»Zeppeline«) haben ein starres Aluminiumgerüst mit innen liegenden Gaszellen. Frühe Modelle hatten ein Holzgerüst, über das Segeltuch gespannt und mit Harz wasserfest gemacht wurde.

Bullet 580

Jahr	2010
Höchstgeschwindigkeit	129 km/h
Abmessungen	71,6 m lang, 19,8 m Durchmesser, etwa 22 000 m³ Volumen
Preis	rund 6,3 Millionen Euro

Nach dem Unglück der »Hindenburg« waren Luftschiffreisen gefürchtet.

Größer, aber nicht besser

Das größte im Liniendienst eingesetzte Starrluftschiff war die »Hindenburg«, das letzte der großen Luftschiffe des frühen 20. Jahrhunderts. Sie explodierte 1937 bei der Landung in den USA, wobei 36 Menschen umkamen. Viele frühe Luftschiffe waren wie die »Hindenburg« mit Wasserstoff gefüllt, der anders als das heute verwendete Helium hochentzündlich ist.

Den Auftrieb liefern sieben große Gaszellen im Inneren. Sie sind mit Helium gefüllt, das leichter als Luft ist und nicht brennt.

Frühe Ballons

Heißluftballons waren die ersten Luftfahrzeuge. Luft in der Ballonhülle wird durch ein Feuer oder einen Brenner erwärmt. Ballonfahrer und Passagiere stehen in einem unter dem Ballon hängenden Korb. Den ersten Ballon ließen 1783 die Gebrüder Montgolfier in Paris aufsteigen. 1852 fuhr Henri Giffard mit dem ersten Luftschiff mit Dampfantrieb.

Fliegendes Auto

Terrafugia Transition

Wer schon immer ein fliegendes Auto haben wollte: Hier ist es! Der Terrafugia Transition kann fliegen wie ein Flugzeug, nach der Landung die Flügel einklappen und wie ein ganz normales Auto wegfahren.

Bei der »Verwandlung« schaltet der Motor des Terrafugia zwischen dem Antrieb der Räder und dem eines Druckpropellers hinten am Fahrzeug um. Das Fahrzeug ist mit einem Gesamtrettungssystem ausgerüstet: Im Notfall kann das ganze Gefährt an einem Fallschirm sicher landen.

Auf der Straße klappen die Rotorblätter des PAL-V nach hinten.

Drehflügel-Auto

Der PAL-V One ist eine Kreuzung aus Auto, Motorrad und Tragschrauber. Wenn Rotor, Propeller und Schwanz zusammengeklappt werden, wird daraus ein dreirädriges Straßenfahrzeug. Mit seinem 160-kW-Flugmotor kann es in der Luft 185 km/h und auf der Straße 105 km/h erreichen. In der vorgesehenen Flughöhe unter 1200 m macht es Verkehrsflugzeugen nicht den Luftraum streitig.

Die Cockpitscheiben aus leichtem Polycarbonat halten in der Luft einem Vogelschlag stand. Für die Straßenfahrt verfügt das Fahrzeug über Airbags.

Gleitschirm-Auto

Der noch in Entwicklung befindliche Parajet »Skyrunner« soll eine Kreuzung aus Buggy und Motorschirm werden. Mit einem 92-kW-Motor kann er nach 200 m »Anlauf« von einer Straße oder einer Startbahn abheben. Die maximale Flughöhe liegt bei 4500 m. Der »Skyrunner« ist für die Straße zugelassen, kann aber auch durch Sand und Gelände fahren. Er erreicht 185 km/h.

Der »Skyrunner« fliegt mit einem speziellen Gleitsegel.

Tragschrauber oder Hubschrauber?

Beim Hubschrauber liefert der angetriebene Rotor Vor- und Auftrieb. Wenn der Motor ausfällt, dreht nur noch der Fahrtwind den Rotor (»Autorotation«), sodass der Hubschrauber notlanden kann. Tragschrauber fliegen immer mit Autorotation, nur der hintere Propeller ist angetrieben.

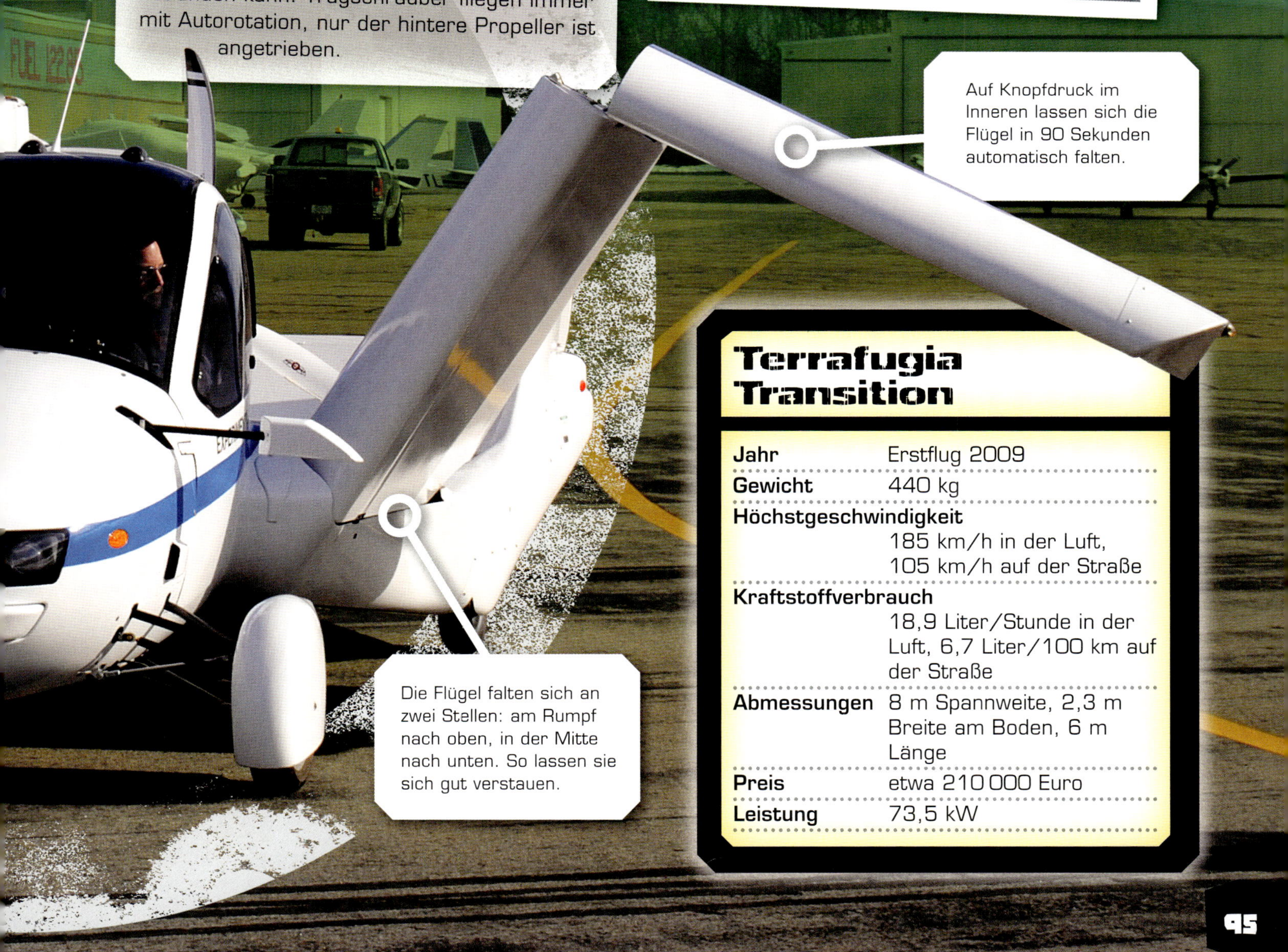

Auf Knopfdruck im Inneren lassen sich die Flügel in 90 Sekunden automatisch falten.

Die Flügel falten sich an zwei Stellen: am Rumpf nach oben, in der Mitte nach unten. So lassen sie sich gut verstauen.

Terrafugia Transition

Jahr	Erstflug 2009
Gewicht	440 kg
Höchstgeschwindigkeit	185 km/h in der Luft, 105 km/h auf der Straße
Kraftstoffverbrauch	18,9 Liter/Stunde in der Luft, 6,7 Liter/100 km auf der Straße
Abmessungen	8 m Spannweite, 2,3 m Breite am Boden, 6 m Länge
Preis	etwa 210 000 Euro
Leistung	73,5 kW

Winzige fliegende Spione

Nano Hummingbird

Ist das ein Vogel? Ein Flugzeug? Beides! Der Nano Hummingbird ist eine Drohne, ein unbemanntes Fluggerät, das zur Überwachung dient. Doch zur Tarnung ist es geschickt wie ein Kolibri (engl. »Hummingbird«) gestaltet.

Dieser »Kolibri« bewegt sich wie ein echter Vogel: Er schlägt mit den Flügeln und kann in der Luft stehen bleiben, sogar in Böen. Er kann senkrecht steigen und sinken, vorwärts, rückwärts und nach beiden Seiten fliegen und sich auf der Stelle drehen. Er kann sogar in Gebäude fliegen und von innen Videobilder senden.

Selbst gesteuert

Den »Kolibri« steuert aus der Ferne ein Pilot, der sich allein an den Bildern der Drohnenkamera orientieren kann. Andere Drohnen sind »autonom«: Sie haben Computer an Bord, die selbsttätig über die Richtung und die nächste Aktion entscheiden.

Die Körperfarbe lässt sich an die der echten Kolibris anpassen, die im Einsatzgebiet leben.

Er hat die Größe und Form eines echten Kolibris – zwar größer als die meisten Arten, aber kleiner als die größten echten Kolibris.

Eine auf der Unterseite verborgene Minikamera sendet dem Piloten an der Fernsteuerung Live-Bilder.

Wer sieht was?

Militärische Drohnen spähen Gegner aus, es gibt aber auch viele andere Einsatzzwecke für Drohnen. In manchen Ländern nutzt die Polizei sie zur Verkehrsüberwachung, zur Grenzkontrolle und zur Suche nach Schmugglern und Piraten. Mit Drohnen kann man große Flächen (z. B. Farmen) überwachen und die Sicherheit von Ölleitungen in unzugänglichen Gebieten überprüfen. Sie lassen sich auch zur Suche nach Vermissten auf See oder im Gebirge einsetzen.

Andere Sensoren

Manche Drohnen haben verschiedene Sensoren, nicht nur Kameras. Sie können Verschmutzungen mit Chemikalien entdecken, die Windgeschwindigkeiten von Wirbelstürmen messen, nach Öl- oder Erzlagerstätten im Boden suchen und sogar die Bewegungen markierter Tiere verfolgen.

Nano Hummingbird

Jahr	2011
Gewicht	19 g (0,019 kg)
Höchstgeschwindigkeit	18 km/h
Abmessungen	16 cm Spannweite

Die Pinguin-Kamera pirscht sich rutschend an Vögel heran!

Riesenhubschrauber

Mil Mi-26

Der russische Mil Mi-26 ist ein richtiges Ungeheuer von Hubschrauber. Er ist der größte und stärkste Hubschrauber, der je in Serie gebaut wurde.

Er kann Lasten bis 20 Tonnen befördern, auf 4600 m Höhe steigen und 1952 km weit fliegen. Falls die Ladung nicht in den Rumpf passen sollte, wird sie mit Stahlseilen unter den Hubschrauber gehängt.

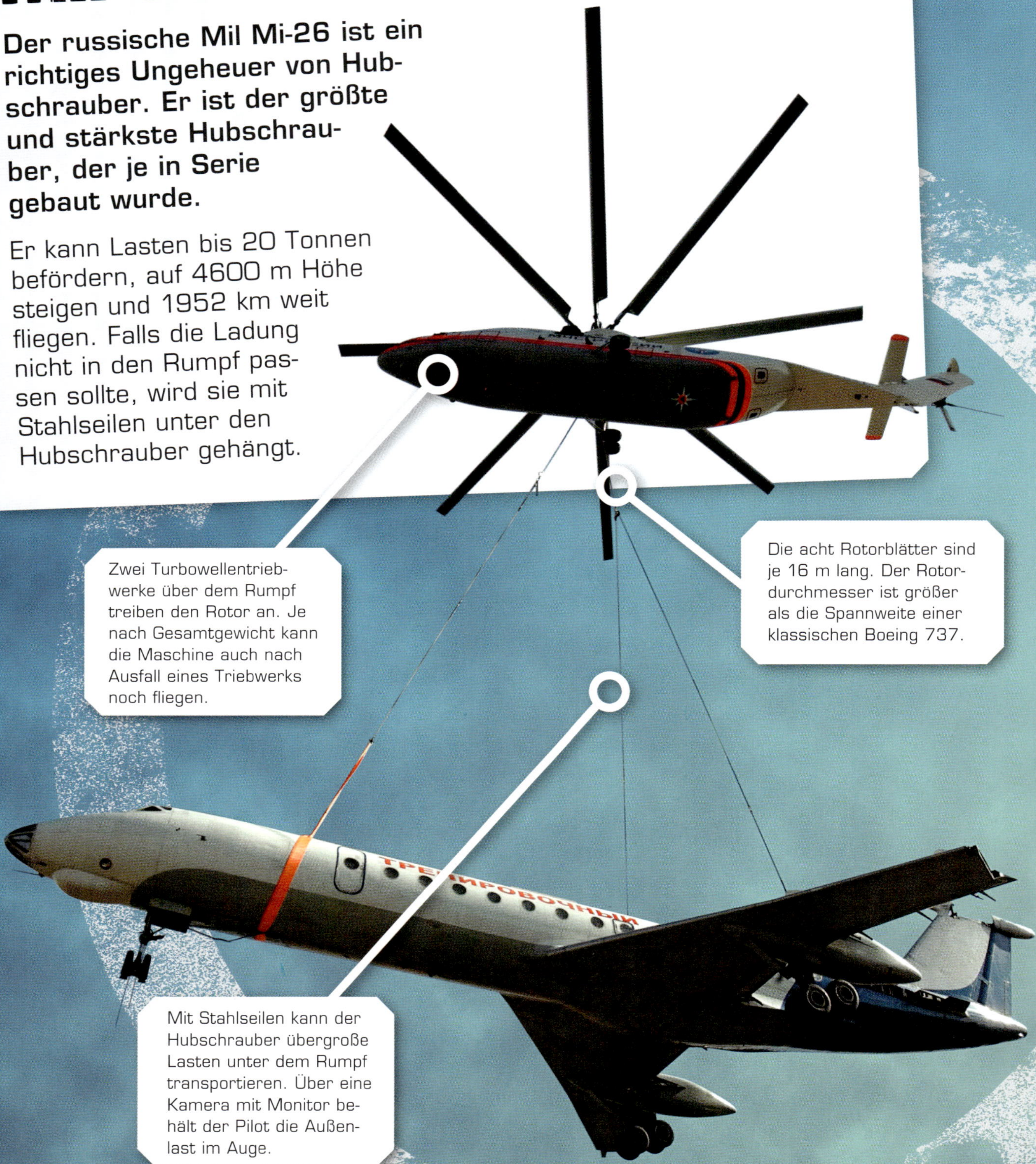

Zwei Turbowellentriebwerke über dem Rumpf treiben den Rotor an. Je nach Gesamtgewicht kann die Maschine auch nach Ausfall eines Triebwerks noch fliegen.

Die acht Rotorblätter sind je 16 m lang. Der Rotordurchmesser ist größer als die Spannweite einer klassischen Boeing 737.

Mit Stahlseilen kann der Hubschrauber übergroße Lasten unter dem Rumpf transportieren. Über eine Kamera mit Monitor behält der Pilot die Außenlast im Auge.

Viel Stauraum

Im Laderaum des Mi-26 haben leichte Panzer und andere Fahrzeuge Platz, bei Truppenbewegungen bis zu 80 Personen oder 60 Verletzte auf Tragen. An Deckenschienen können zwei elektrische Winden mit je 2500 kg Tragkraft die Ladung im Laderaum bewegen. Am Laderaumboden gibt es Zurrpunkte zum Sichern der Ladung.

Ein Mammut trägt ein Mammut

1999 transportierte man mit einem Mi-26 einen massiven Eisblock in ein Labor. Der Block enthielt die gefrorenen Überreste eines ausgestorbenen, über 20000 Jahre alten sibirischen Mammuts. Allerdings wog der Block fast 23 Tonnen. Sofort nach dem Einsatz wurde der Hubschrauber im Werk auf Schäden überprüft, weil diese Ladung schwerer war als zulässig.

Schwebeplattform

Die winzige Schwebeplattform »Hummingbird« mit nur 2,2 m Durchmesser sollte mit vier kleinen Verbrennungsmotoren 74 km/h erreichen, bis zu 1500 m hoch schweben und bis zu 30 Minuten in der Luft bleiben. Der Pilot steuerte im Stehen durch Gewichtsverlagerung. Der »Hummingbird« sollte als Bausatz verkauft werden und sich in 250 Stunden montieren lassen. Das Projekt wurde jedoch eingestellt.

Der Pilot musste auf der Schwebeplattform stehen.

Mil Mi-26

Jahr	1977
Gewicht	28,2 Tonnen
Höchstgeschwindigkeit	295 km/h
Abmessungen	40 m Länge, 32 m Rotordurchmesser
Leistung	16740 kW

Einpersonen-Transportmittel

Solowheel

Viel weniger als ein einziges Rad geht nicht! Das Solowheel besteht aus nur einem Rad und einem kleinen Elektromotor; man steht auf seitlichen Pedalen.

Mit einer Akkuladung sind 16 km Reichweite und 16 km/h Höchstgeschwindigkeit möglich. Zum Beschleunigen lehnt man sich nach vorn, zum Bremsen nach hinten, Gewichtsverlagerung nach links oder rechts bestimmt die Richtung. Das Solowheel funktioniert wie ein Kreisel und balanciert sich selbst aus, sobald sich das Rad dreht.

Geschwindigkeit und Richtung bestimmt man durch entsprechende Gewichtsverlagerung.

Solowheel	
Gewicht	11 kg (max. Zuladung 99 kg)
Höchstgeschwindigkeit	16 km/h
Abmessungen	48 cm hoch, 20 cm breit (Pedale hochgeklappt)
Preis	1899 Euro
Leistung	1 kW

Segway

Der Segway PT (Personal Transporter) hat zwei Räder, eine Plattform zum Stehen sowie eine Lenkstange. Er ist größer und schwerer als das Solowheel, kann aber weiter und auch durch unebenes Gelände fahren. Mit fünf Sensoren und zwei Beschleunigungsmessern erfasst der Segway 100-mal pro Sekunde die Neigung gegenüber der Senkrechten. Durch entsprechendes Drehmoment der beiden Motoren dreht, beschleunigt oder bremst der Segway.

Gyroskop

Alle sich selbst ausbalancierenden Fahrzeuge haben ein Kreiselinstrument (»Gyroskop«): eine sich in einem Ring schnell drehende Scheibe (»Rotor«). Wird die um ihre Drehachse rotierende Scheibe geneigt, gleicht das Instrument diese Kraft durch Neigung in die Gegenrichtung aus. Der Autopilot in Flugzeugen besteht aus drei derartigen Kreiselinstrumenten.

Gyro-Auto

Der Gyro-X entstand 1967 in Kalifornien als Prototyp eines sich selbst ausbalancierenden Autos. Mit zwei hintereinanderliegenden Rädern und einem Gyroskop war der Gyro-X das letzte derartige Fahrzeug; wegen ungelöster Probleme gab der Hersteller das Projekt auf. Trotz seines seltsamen Aussehens konnte das Auto 200 km/h erreichen. Während das 50-cm-Gyroskop seine Drehzahl erreichte, hielten kleine Stützräder das Auto aufrecht.

Ein klappbares Pedal auf jeder Seite ist alles, was der Fahrer zum Balancieren hat.

Das Rad ragt nur ganz unten aus dem Gehäuse, damit sich die Kleidung nicht darin verheddern kann.

Das Zweiradauto sah abenteuerlich aus und setzte sich nie durch.

Schnelle Flieger

NASA X-43A

Das Hyperschall-Versuchsflugzeug X-43 der NASA ist das schnellste Ding in der Luft: Mit 10 461 km/h ist es zehnmal so schnell wie der Schall!

Die X-43 ist eine ganze Baureihe unbemannter Forschungsflugzeuge, die jeweils nur einen einzigen Flug absolvieren. Sie starten von einer umgebauten B-52 aus an der Spitze einer geflügelten Rakete. Nach Abtrennung der Rakete fliegt das Flugzeug mit dem Wasserstoff-Staustrahltriebwerk, bis es nach einem kurzen Flug planmäßig ins Meer stürzt.

Unter dem riesigen Trägerflugzeug B-52 wirkt die unter ihr hängende Startrakete wie ein Spielzeug. Die 3,7 m lange X-43 ist die schwarze Spitze, die hinter der Rakete hervorragt.

Die Flugzeugzelle ist Teil des Antriebs: Sie ist so geformt, dass sie die Luft verdichtet und in das Triebwerk leitet.

Schneller als der Schall: Mach

Mach 1 ist die Ausbreitungsgeschwindigkeit des Schalls (etwa 1236 km/h auf Meereshöhe). Überschallflugzeuge fliegen schneller, Hyperschall-Maschinen mehr als Mach 5. Das Staustrahltriebwerk der X-43 arbeitet nur über Mach 5, weil das Treibstoff-Luft-Gemisch sehr schnell hindurchströmen muss.

Astro-Piloten

Das schnellste bemannte Flugzeug war die North American X-15, die 1967 7274 km/h erreichte. Sie stellte 1963 mit 108 km auch den Höhenrekord für bemannte Flugzeuge auf. Diese Höhe liegt bereits jenseits der Grenze zum Weltraum, die man bei 100 km zieht!

Piloten, die mit der X-15 höher als 80 km geflogen sind, gelten als Astronauten!

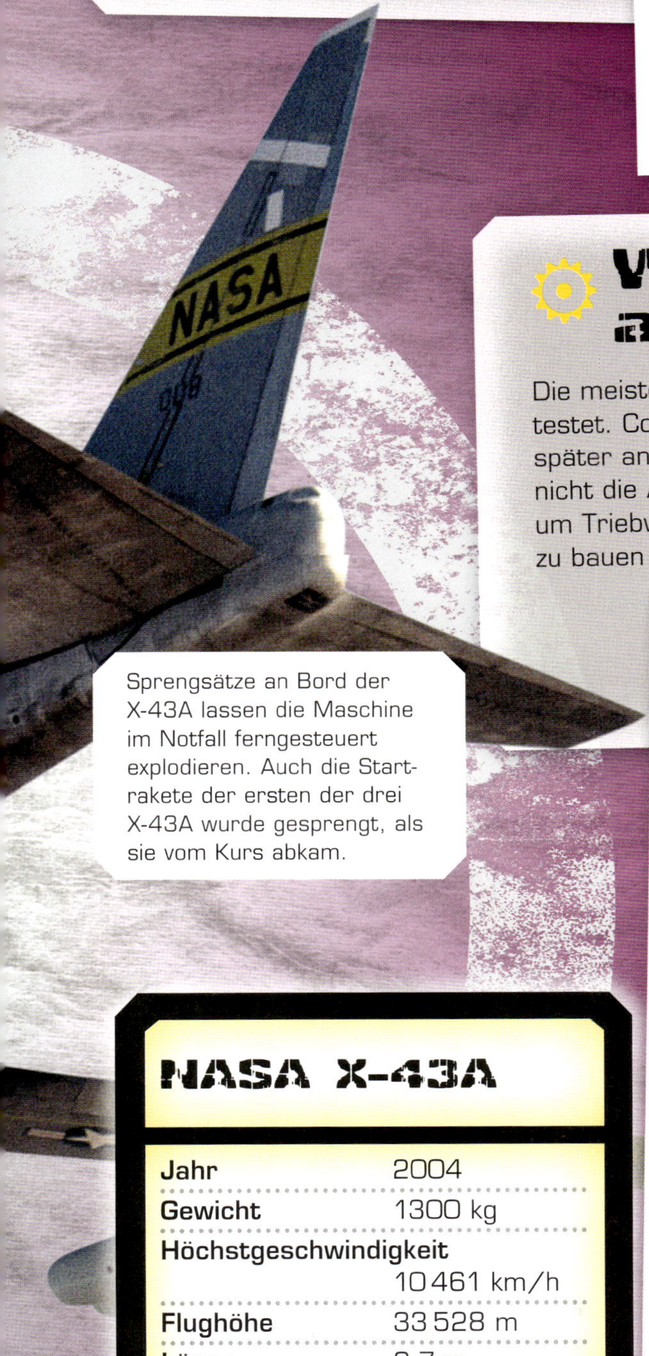

Sprengsätze an Bord der X-43A lassen die Maschine im Notfall ferngesteuert explodieren. Auch die Startrakete der ersten der drei X-43A wurde gesprengt, als sie vom Kurs abkam.

Wozu Flugzeuge abstürzen lassen?

Die meisten Flugzeuge und Triebwerke werden am Boden in Windtunneln getestet. Computer verfolgen und analysieren die Luftströmung an Modellen und später an Flugzeugen und Teilen in Originalgröße. Windtunnel können jedoch nicht die Auswirkungen von Hyperschall-Flügen nachbilden. Der einzige Weg, um Triebwerke und Flugzeuge bei diesen Geschwindigkeiten zu testen, ist, sie zu bauen und zu fliegen.

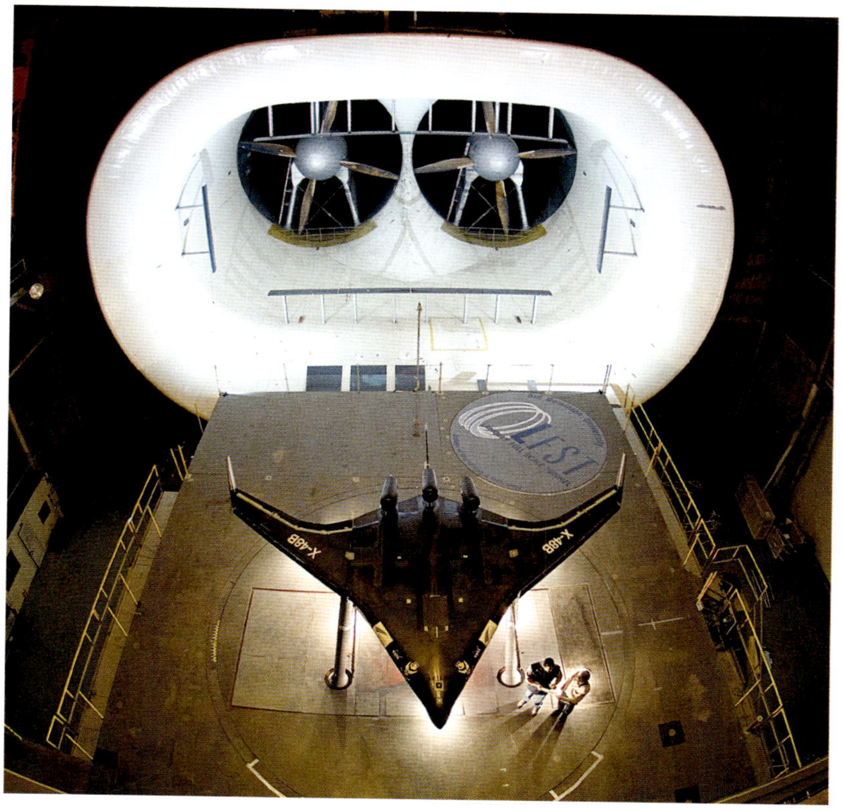

NASA X-43A

Jahr	2004
Gewicht	1300 kg
Höchstgeschwindigkeit	10 461 km/h
Flughöhe	33 528 m
Länge	3,7 m

Muskelkraft-Flugzeug

MIT Daedalus 88

Der Radrennfahrer Kanellos Kanellopoulos stellte mit der MIT Daedalus 88 einen Streckenrekord von 115 km auf. In drei Stunden, 54 Minuten und 59 Sekunden absolvierte er dabei auch den längsten Flug mit Muskelkraft.

Der Pilot muss die ganze Zeit über treten, um das Flugzeug in der Luft zu halten. Die Pedale treiben eine Antriebswelle an, diese über zwei Getriebe den Propeller aus Polystyrol. Beim Start müssen Helfer neben dem Flugzeug herlaufen und die zerbrechlichen Flügel stützen.

Der Rahmen und die Spanndrähte bestehen aus dem sehr festen und leichten Kevlar.

Der erste Dädalus

Vorbild für den Flug war der berühmte Flug des Dädalus in der griechischen Mythologie. Der Baumeister und Erfinder Dädalus und sein Sohn Ikarus waren Gefangene auf Kreta. Für ihre Flucht baute Dädalus Flügel aus Federn, Schnur und Wachs. Ikarus flog zu hoch, die Sonne schmolz das Wachs, er stürzte ins Meer und ertrank. Dädalus konnte dagegen sicher landen.

Laut Sage flog Dädalus mit selbst gebauten Flügeln.

MIT Daedalus 88

Jahr	1988
Gewicht	31 kg
Abmessungen	8,6 m Länge, 34 m Spannweite

Über den Ärmelkanal

1979 überquerte der »Gossamer Albatross« als erstes Muskelkraft-Flugzeug den Ärmelkanal. Mit Pedalantrieb legte er die 35,8 km in zwei Stunden und 49 Minuten mit einer Höchstgeschwindigkeit von 29 km/h zurück. Der Rahmen aus Kohlenstofffaser ist mit hauchdünnem Mylar bespannt, die Flügelrippen bestehen aus Polystyrol, einem sehr leichten Kunststoff. Sein Vorgänger »Gossamer Condor« war das erste erfolgreiche Muskelkraft-Flugzeug überhaupt.

Der »Albatross« flog durchschnittlich nur 1,5 m über dem Wasser.

Die Flügel sind mit Mylar bespannt, der hauchdünnen Polyesterfolie, aus der auch Heliumballons bestehen. Mylar ist nur 12,7 Mikrometer dick (1 Mikrometer ist ein tausendstel Millimeter).

Mit 34 m hat Daedalus eine größere Spannweite als die meisten Boeing-737-Versionen.

Flügelschlag

Das erste erfolgreiche Muskelkraft-Flugzeug mit schlagenden Flügeln (wie bei Vögeln) ist »Snowbird«. Die ersten Entwürfe machte jedoch schon Leonardo da Vinci 1485! »Snowbird« hat 32 m Spannweite und besteht aus Kohlenstofffaser, Holz und Schaumstoff.

Riesiger Jumbojet

Airbus A380-800

Die A380-800 ist das größte Großraumflugzeug der Welt: Sie kann auf zwei Ebenen bis zu 853 Passagiere befördern. Jedes der vier Strahltriebwerke erzeugt 310 bis 340 kN Schub, je nach Typ, den die Luftfahrtgesellschaft gewählt hat.

Mit einer Reichweite von 15 700 km kann sie von New York nonstop nach Hongkong fliegen. Dazu hat sie 320 000 Liter Treibstoff an Bord. Mit 13 000 m liegt ihre größte Flughöhe 4 km über dem Gipfel des Mount Everest.

Die vier Triebwerke verbrennen zusammen pro Sekunde einen Liter Treibstoff.

Komfortabel

Nur als Economy-Klasse bestuhlt, kann die A380 853 Passagiere befördern. Bei dreiklassiger Aufteilung bietet sie 521 Plätze einschließlich der extravaganten 1. Klasse. Dort gibt es komfortable Salons und Bars; die Sitze lassen sich in Betten umwandeln.

Viele Plätze oder viel Komfort? Die A380 ist flexibel.

Ein Airbus, viele Teile

Große Teile der A380 werden in Frankreich, Deutschland, Spanien und England gebaut. Sie werden auf der Straße, auf dem Wasser und durch die Luft nach Toulouse in Frankreich befördert. Für ihren Transport entstanden spezielle Schiffe und Hafenanlagen sowie besondere Straßen. Kleinere Teile kommen aus der ganzen Welt. Die Flugzeuge werden in Toulouse montiert und in Hamburg lackiert und eingerichtet.

Man benötigt 3600 Liter Farbe, um die 4400 m² Oberfläche des Flugzeugs zu lackieren. Allein die Farbe wiegt schon 500 kg!

Im Flugzeug sind 530 km Kabel verlegt. In der Kabine liegen 98 000 verschiedene Kabel mit 40 000 Anschlüssen.

Das Fahrwerk mit insgesamt 22 Rädern besteht aus vier Beinen unter dem Rumpf und einem am Bug.

Airbus A380-800

Gewicht	276,8 Tonnen (leer)
Reisegeschwindigkeit	945 km/h
Abmessungen	72,73 m Länge, 79,75 m Spannweite

Triebwerke

Die großen Strahltriebwerke werden auch als Gasturbinen bezeichnet. Ein Gebläse saugt vorn Luft in das Triebwerk. Dort wird sie verdichtet und es wird Treibstoff eingespritzt, das Gemisch zündet und verbrennt. Die heißen Abgase schießen hinten aus dem Triebwerk und drücken durch den Rückstoß das Flugzeug nach vorn.

Die Turbinen laufen mit 3000–12 000 Umdrehungen/Minute.

Starke Rakete

Saturn V

Die Saturn V war die leistungsstärkste Mondflugrakete, die je gebaut wurde. Die erste Saturn V brachte 1967 Apollo 4 in die Erdumlaufbahn, die letzte 1973 die Raumstation Skylab.

Die fünf Raketentriebwerke der ersten Stufe zündeten 8,9 Sekunden vor dem Start im Abstand von 300 Millisekunden. Sie verbrannten 2100 Tonnen Treibstoff in weniger als drei Minuten. Wäre die Saturn V beim Start explodiert, hätte sie so viel Energie freigesetzt wie eine kleine Atombombe.

Saturn V

Jahr	1967
Gewicht	2800 Tonnen (voll betankt) + bis zu 120 Tonnen Nutzlast
Höchstgeschwindigkeit	40 320 km/h
Höhe	111 m
Leistung	33 850 kN Startschub

Die fünf Düsen leiten glühend heiße Abgase aus der Brennkammer ab und verleihen der Rakete damit enormen Schub.

Antrieb im Weltraum

In einem Raketentriebwerk geben die Abgase der Rakete Schub. Zur Verbrennung des Brennstoffs wird Sauerstoff benötigt, den es im Weltraum aber nicht gibt. Daher führt die Rakete flüssigen Sauerstoff mit. In der Brennkammer wird er mit dem Brennstoff gemischt.

Raketenstufen

Wenn jede Stufe ihren Treibstoff verbrannt hatte, wurde sie abgetrennt und die nächste Stufe wurde gezündet. Die Stufen 1 und 2 fielen ins Meer, die 3. stürzte auf den Mond oder blieb im Weltraum. In der Erdumlaufbahn zündete die 3. Stufe erneut und beschleunigte das Raumschiff mit 40 320 km/h zum Mond – das sind mehr als 11 km pro Sekunde!

	Brenndauer	Geschwindigkeit	Bis Höhe
1. Stufe	2 Minuten, 41 Sekunden	9920 km/h	109 km
2. Stufe	6 Minuten	25 182 km/h	175 km
3. Stufe	2 Minuten, 30 Sekunden	28 054 km/h	191 km

Die Rakete hatte drei Stufen, jeweils mit einem eigenen Brennstoffvorrat: Kerosin in der 1. Stufe, flüssiger Wasserstoff in den beiden anderen.

Mit außen angebrachten Sprengsätzen ließ sich die Rakete in einem Notfall ferngesteuert sprengen.

Der enorme Schub der aus den Triebwerken ausgestoßenen Abgase hob die Rakete in die Luft.

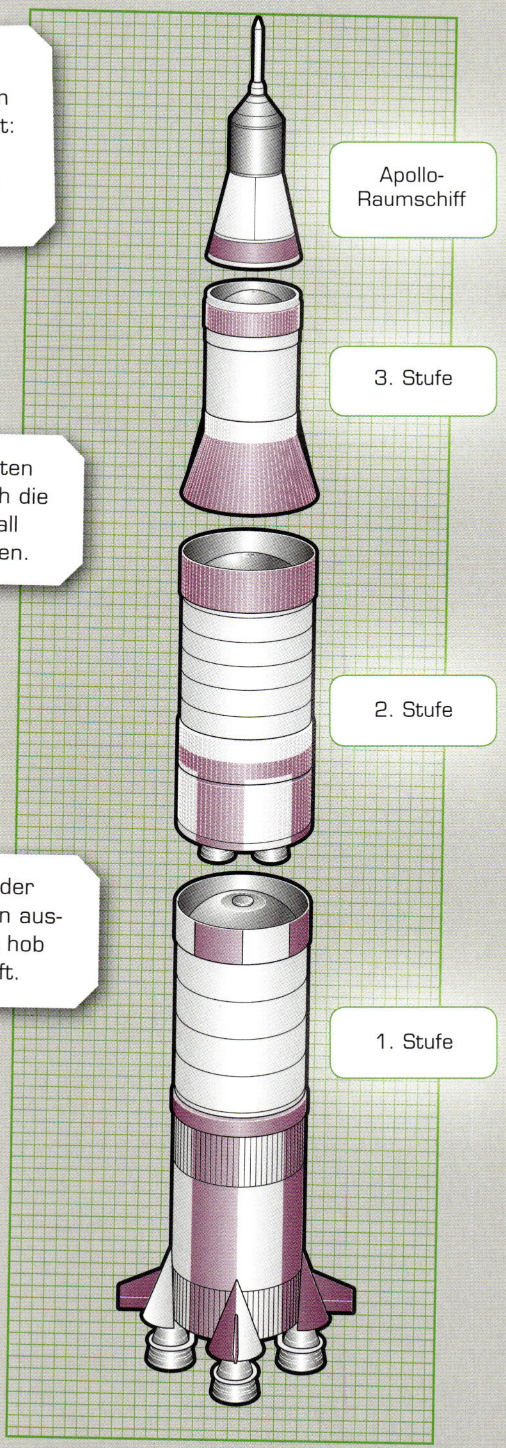

Mutiges Mondmobil

Lunochod 1

Das Mondmobil Lunochod 1 war das erste ferngesteuerte Fahrzeug, das auf einem anderen Himmelskörper fuhr. Es erreichte den Mond 1970 mit dem sowjetischen Raumflug Luna 17.

Lunochod war 322 Erdtage betriebsfähig und damit das ausdauerndste Mondmobil. In dieser Zeit legte es 10,54 km zurück, übertrug mehr als 20 000 Bilder zur Erde und nahm an 500 Stellen Bodenproben. 2010 bestimmte die NASA die Position von Lunochod 1 bis auf 1 cm genau.

Lunochod 1

Jahr	1970
Gewicht	840 kg
Höchstgeschwindigkeit	2 km/h
Abmessungen	2,2 m lang, 1,35 m hoch

Eugene Cernan kurvt 1972 während der Mission Apollo 17 auf dem Mond herum.

Erstes bemanntes Mondmobil

Bei drei Apollo-Flügen (15, 16 und 17) setzte die NASA ein eigens entwickeltes »Mondauto« (Lunar Roving Vehicle, LRV) ein. Die drei Autos stehen noch auf dem Mond. Mit einer nicht wiederaufladbaren 36-Volt-Batterie hatten sie 92 km Reichweite. Sie bestanden aus Aluminiumrohren und wogen auf der Erde 210 kg (wegen der reduzierten Schwerkraft auf dem Mond 35 kg). Für Fahrten auf der rauen Mondoberfläche hatten sie Allradantrieb.

Antennen übertrugen die Bilder der vier Kameras und die gesammelten Messdaten zur Erde.

Rollen, schreiten und klettern

Die NASA entwickelt das Sechsrad-Roboterfahrzeug ATHLETE. Es könnte nicht nur in ebenem Gelände wie auf dem Mond fahren, sondern auch über sehr raues, sandiges oder steiles Gelände »schreiten«. Eine neue Version soll mit einem Greifer auch senkrechte Felsen hochklettern können. Sie soll eine Nutzlast von 450 kg (bei Erdschwerkraft) befördern.

Antrieb für den Weltraum

Manned Maneuvering Unit

Mitunter verlassen Astronauten ihre Raumfahrzeuge zu Außenarbeiten. Für solche »Weltraumspaziergänge« können sie Geräte wie das MMU benutzen. Es wurde 1984 bei drei Space-Shuttle-Flügen eingesetzt.

Das MMU hatte kein Triebwerk, sondern erzeugte Schub durch stoßweises Ablassen von Stickstoffgas. Der schnell verdampfende Stickstoff wurde in flüssiger Form mitgeführt. Gesteuert wurde mit 24 in unterschiedliche Richtungen zeigende Düsen.

24 Düsen an verschiedenen Punkten des MMU erzeugten nach Bedarf Schub in unterschiedliche Richtungen.

Oben, unten, links, rechts und ringsherum

Mit dem Steuerhebel an der linken Armlehne bewegte der Astronaut das MMU nach vorn, hinten, oben, unten, links und rechts. Mit dem rechten Hebel steuerte er die Drehbewegung um die drei Raumachsen: das sogenannte Rollen, Nicken und Gieren. Bei Erreichen der gewünschten Position und Lage ließen sich die Steuerelemente sperren, damit der Astronaut die Hände für seine Arbeit frei hatte.

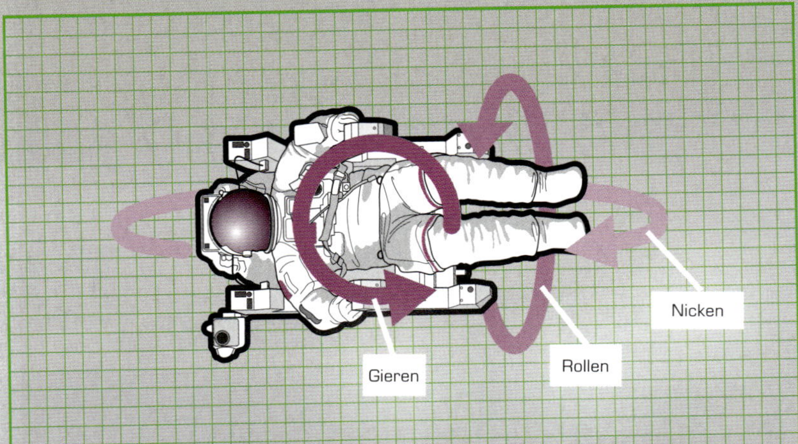

Manned Maneuvering Unit

Jahr	1984
Gewicht	148 kg (mit Treibstoff)
Höchstgeschwindigkeit	etwa 10 km/h

Huckepack

Die MMU waren im Laderaum des Shuttles mit hochgeklappten Armlehnen verstaut. Der Astronaut schnallte sich das MMU auf den Rücken und schloss das Lebenserhaltungssystem an, die Lehnen klappten herunter.

Ein NASA-Astronaut ist am Shuttle gesichert.

Losgelöst

Auf der Erde muss sich ein Mensch oder Fahrzeug gegen die Schwerkraft, den Luftwiderstand und die Reibung auf der Oberfläche bewegen.
Ohne diese Beschränkungen genügt im Weltraum schon eine winzige Kraft, um einen Astronauten abtreiben zu lassen, z. B. die Erdanziehungskraft oder ein Anticken oder kleiner Schubs. Um dies zu verhindern, verwenden Astronauten eine Sicherungsleine zum Raumfahrzeug oder aber ein MMU.

Hart arbeitende Raumfähre

Discovery

39 Flüge absolvierte das Space Shuttle »Discovery« zwischen 1984 und 2011. Dabei legte es 238 539 663 km zurück und umrundete die Erde 5830-mal. Damit war es das am meisten genutzte der fünf Shuttles.

Space Shuttles starteten auf einem großen Außentank, der die Haupttriebwerke speiste. Daneben waren zwei Feststoff-Zusatzraketen angebracht. Zwei Minuten nach dem Start wurden diese abgesprengt. Sie fielen an Fallschirmen ins Meer, wurden geborgen und wieder verwendet. Sieben Minuten später wurde der Außentank abgetrennt und verglühte in der Atmosphäre.

Die Astronauten verbrachten bis zu zwei Wochen im Besatzungsbereich. Oben war das Flugdeck, darunter lagen Schlaf- und Arbeitsbereich, Toilette und Stauraum.

Bei der Arbeit

Die Shuttles nutzte man zum Aussetzen und Einfangen von Satelliten sowie zur Versorgung der Internationalen Raumstation ISS. Gesteuert wurde das Shuttle im Weltraum mit 44 Düsen des Lageregelungssystems RCS, das denselben Treibstoff nutzte wie die Manövriertriebwerke (siehe gegenüber). Mit einem ferngesteuerten, aus dem Laderaum ausfahrbaren Roboterarm ließen sich Satelliten greifen und bewegen.

Discovery

Jahr	1984–2011
Gewicht	2050 Tonnen (beim Start)
Höchstgeschwindigkeit	27 875 km/h
Abmessungen	23,7 m Spannweite, 56 m Länge

Weltraum-teleskop

1990 beförderte »Discovery« das optische Teleskop »Hubble« in die Erdumlaufbahn. Mit 4,3 m Durchmesser nimmt es kristallklare Bilder des Sternenhimmels auf und überträgt sie zur Erde. Da es außerhalb der Erdatmosphäre arbeitet, werden die Bilder nicht verzerrt.

Der von »Hubble« aufgenommene Orionnebel ist etwa 1350 Lichtjahre entfernt und hat mehr als 24 Lichtjahre Durchmesser.

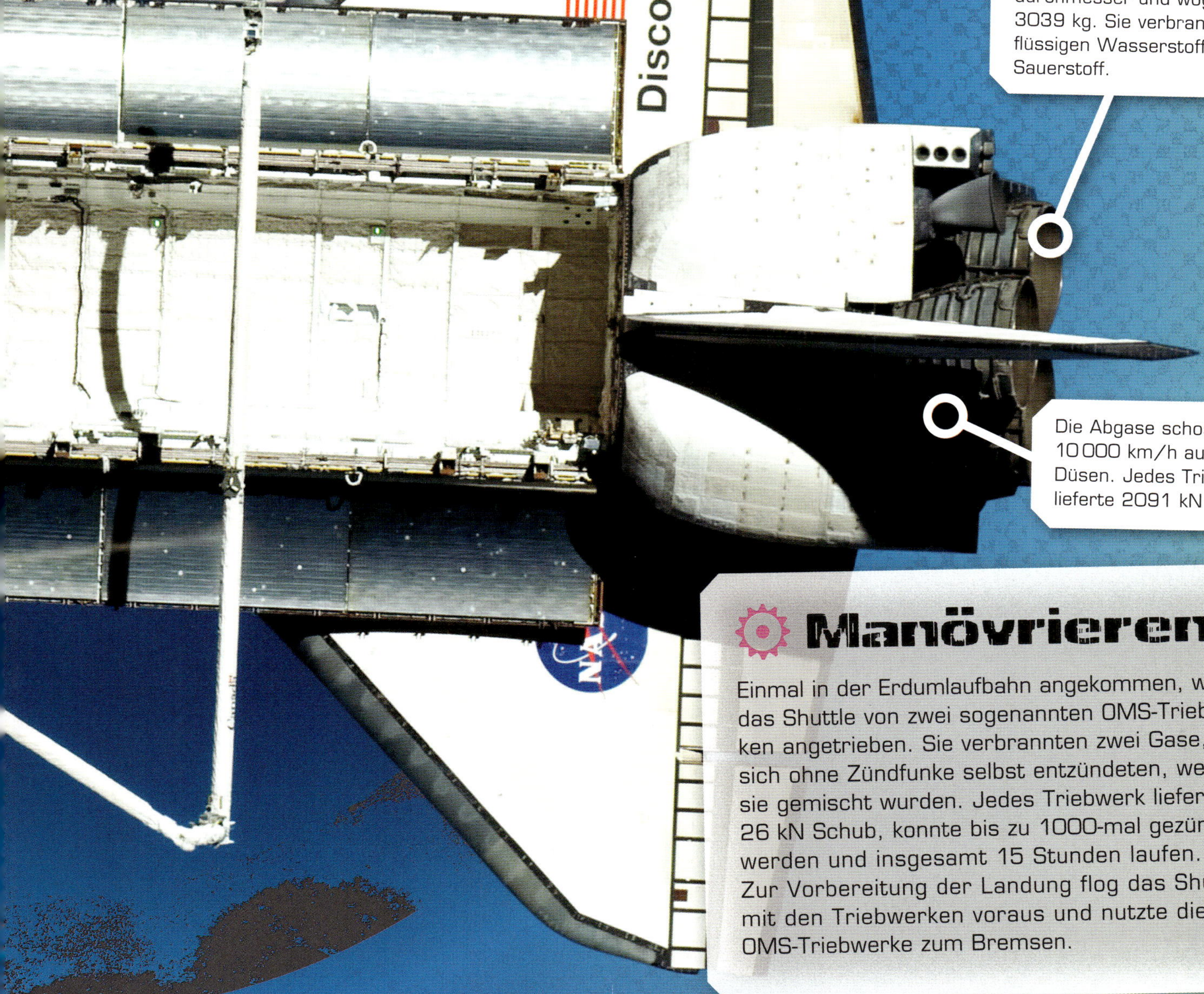

Jedes der drei Haupttriebwerke war 4,3 m lang, hatte 2,3 m Düsendurchmesser und wog 3039 kg. Sie verbrannten flüssigen Wasserstoff und Sauerstoff.

Die Abgase schossen mit 10 000 km/h aus den Düsen. Jedes Triebwerk lieferte 2091 kN Schub.

Manövrieren

Einmal in der Erdumlaufbahn angekommen, wurde das Shuttle von zwei sogenannten OMS-Triebwerken angetrieben. Sie verbrannten zwei Gase, die sich ohne Zündfunke selbst entzündeten, wenn sie gemischt wurden. Jedes Triebwerk lieferte 26 kN Schub, konnte bis zu 1000-mal gezündet werden und insgesamt 15 Stunden laufen. Zur Vorbereitung der Landung flog das Shuttle mit den Triebwerken voraus und nutzte die OMS-Triebwerke zum Bremsen.

Robuster Mars-Rover

Opportunity

Zwei 2003 zum Mars gestartete sogenannte »Rover« landeten dort 2004 und begannen, die Oberfläche zu erkunden und Bilder und andere Daten zur Erde zu senden. Anfangs sollten sie nur gut 90 Tage arbeiten, doch Opportunity war auch 2013 immer noch in Betrieb. Er lädt seine Lithium-Ionen-Batterie über Solarzellen auf.

Opportunity und sein »Bruder« Spirit wurden mit Delta-II-Raketen zum Mars befördert. Ihre Reise dauerte 202 Tage. Von Fallschirmen verlangsamt und in jeweils 24 großen Airbags weich gepolstert, landeten sie auf der harten, staubigen Marsoberfläche.

Harte Arbeit

Opportunity fotografiert die Marsoberfläche und sammelt und untersucht Gesteins- und Bodenproben. Seine Fahrten und Aktionen werden von der Erde aus gesteuert. Nachdem man 2006 die Steuerungssoftware aktualisiert hatte, kann Opportunity jetzt selbst entscheiden, ob er eine Landschaft fotografiert oder eine Probe nimmt. Dadurch verringert sich die zwischen Rover und Erde übertragene Datenmenge.

Jedes Rad hat einen eigenen Motor. Der Rover hat Front- und Hecksteuerung und kann Steigungen und Neigungswinkel bis zu 30° befahren.

Kugel-Rover

Die NASA untersucht einen Entwurf für einen ungewöhnlichen Mars-Rover. Leichte, kugelförmige Rover könnten wie die aus Western bekannten Steppengraskugeln (»Tumbleweed«) vom Marswind über den Planeten gerollt werden. So könnten sie in Gegenden gelangen, die auf andere Weise zu schwierig zu erreichen wären.

Curiosity kann Fotos von sich selbst auf dem Mars machen.

Der Neue

Der 2012 auf dem Mars gelandete Rover Curiosity hat die Maße eines Kleinwagens. Er soll auch nach Anzeichen für früheres Leben suchen. 2013 fand Curiosity ein trockenes Flussbett mit runden Kieseln: Hier könnte Wasser geflossen sein. Wasser ist für alle bekannten Lebensformen unerlässlich.

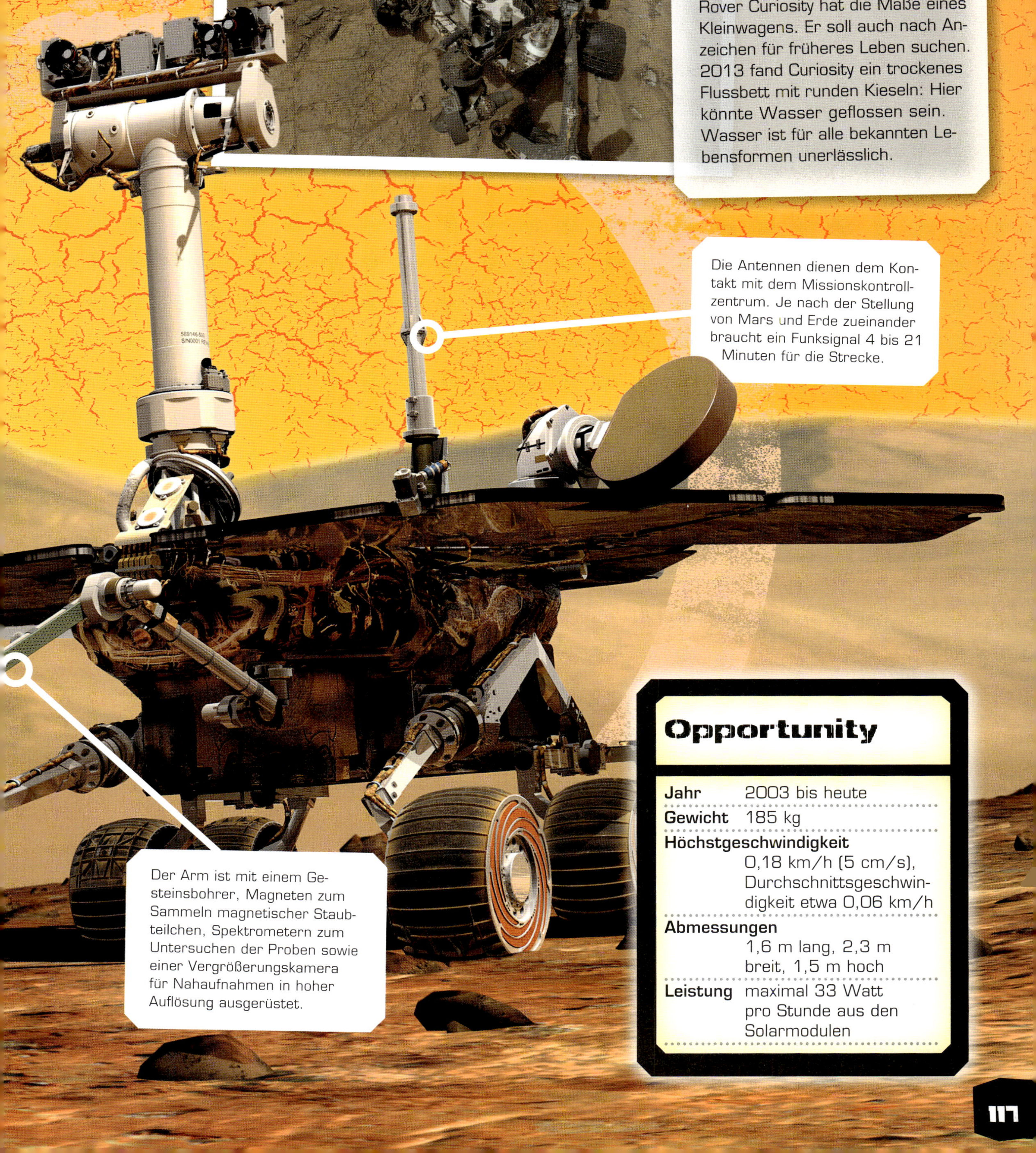

Die Antennen dienen dem Kontakt mit dem Missionskontrollzentrum. Je nach der Stellung von Mars und Erde zueinander braucht ein Funksignal 4 bis 21 Minuten für die Strecke.

Der Arm ist mit einem Gesteinsbohrer, Magneten zum Sammeln magnetischer Staubteilchen, Spektrometern zum Untersuchen der Proben sowie einer Vergrößerungskamera für Nahaufnahmen in hoher Auflösung ausgerüstet.

Opportunity

Jahr	2003 bis heute
Gewicht	185 kg
Höchstgeschwindigkeit	0,18 km/h (5 cm/s), Durchschnittsgeschwindigkeit etwa 0,06 km/h
Abmessungen	1,6 m lang, 2,3 m breit, 1,5 m hoch
Leistung	maximal 33 Watt pro Stunde aus den Solarmodulen

Schnelle Reise

Apollo 10

Drei Astronauten haben sich schneller bewegt als je ein anderer Mensch: Die Besatzung von Apollo 10 erreichte 1969 sagenhafte 39 896 km/h.

Apollo 10 war der letzte Übungsflug für die Mondlandung. Er führte in eine niedrige Mondumlaufbahn, von wo sich die Landefähre der Mondoberfläche bis auf 14 km Höhe näherte, aber nicht landete. In acht Tagen, 23 Minuten und 23 Sekunden wurde eine Gesamtstrecke von 1 334 850,26 km zurückgelegt.

Kommandomodul und Mondlandefähre sitzen ganz oben auf der dreistufigen, 110 m hohen Saturn-V-Rakete.

Die Besatzung von Apollo 10 (v. l.): Eugene A. Cernan, Thomas P. Stafford, John W. Young

Apollo 10

Jahr	1969
Höchstgeschwindigkeit	39 896 km/h
Länge	110 m
Leistung	33 850 kN Schub
Antrieb	5 Raketentriebwerke F-1

Bei einem Notfall konnte das Rettungssystem ganz oben das Kommandomodul vom Rest der Rakete absprengen und mit dem Fallschirm in Sicherheit bringen.

Ein Helios-Prototyp wird in einer Raketenspitze verstaut.

Schnellster Flug

Apollo 10 war zwar schnell, doch die Sonde Helios 2 war noch viel schneller: Im April 1976 erreichte sie 252 792 km/h, das sind 70,22 km/s.
Helios 1 und 2 gelangten 1974 und 1976 auf eine Umlaufbahn um die Sonne, um Daten über kosmische Strahlen, kosmischen Staub, Sonnenplasma und Sonnenwinde zu sammeln. Helios 2 näherte sich der Sonne bis auf 0,29 AE (etwa 43 400 000 km). Die deutsch-amerikanischen Sonden kreisen nach wie vor um die Sonne, senden aber keine Daten mehr.

Mit einem Trick noch schneller

Manche Raumfahrzeuge nutzen das Schwerefeld eines Planeten als eine Art Schleuder. Bei diesem Gravitationsmanöver (»Swing-by«) wird das Raumfahrzeug durch die Schwerkraft des Planeten angezogen und stark beschleunigt, um dann an dem Planeten vorbei im Weltraum weiterzurasen.

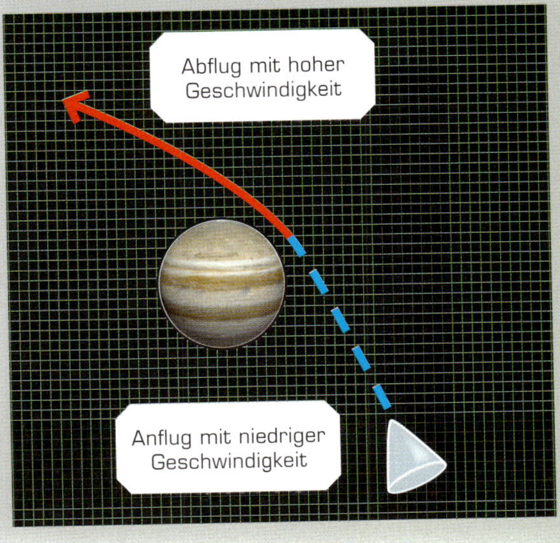

Richtig schnell

Raketentriebwerke arbeiten ähnlich wie Strahltriebwerke: Sie erzeugen Schub durch den schnellen Ausstoß von Abgasen. Da im Weltraum der Luftwiderstand fehlt und nur geringe Schwerkraft wirkt, sorgt derselbe Schub dort für eine stärkere Beschleunigung als auf der Erde.

Die 1. Stufe mit fünf F-1-Triebwerken, jeweils 5,5 m lang und mit 6770 kN Schub, beschleunigte die Trägerrakete mit Apollo 10 vom Startplatz in den Weltraum.

Weit gereiste Raumsonde

Voyager 1

Das am weitesten entfernte von Menschen geschaffene Objekt hat seit seinem Start 1977 über 18 Milliarden Kilometer zurückgelegt und das Sonnensystem inzwischen verlassen.

Beim Start von Voyager 1 und 2 nutzte man eine besondere Ausrichtung der Planeten, die sich nur alle 177 Jahre ergibt. Sie ermöglichte es Voyager 2, relativ nahe an Jupiter, Saturn, Uranus und Neptun vorbeizufliegen.

Radioisotopengeneratoren erzeugen thermoelektrisch Strom für die Bordinstrumente von Voyager, zum Empfangen und Senden von Signalen und Daten von und zur Erde.

Ist da draußen jemand?

Beide Voyager-Sonden führen eine vergoldete Datenplatte und eine Abspieleinrichtung mit. Die Platte enthält 115 Bilder der Erde, Musik, Geräusche sowie gesprochene Grüße in 55 Sprachen, darunter das vor 6000 Jahren gesprochene Akkadisch. Diagramme zeigen die Position unserer Sonne und eine Anleitung zum Abspielen der Platte, die eine entwickelte Zivilisation entschlüsseln könnte. Ein Punkt Uran 238 mit einer Halbwertszeit von 4,51 Milliarden Jahren soll Außerirdischen vermitteln, wann Voyager entstand.

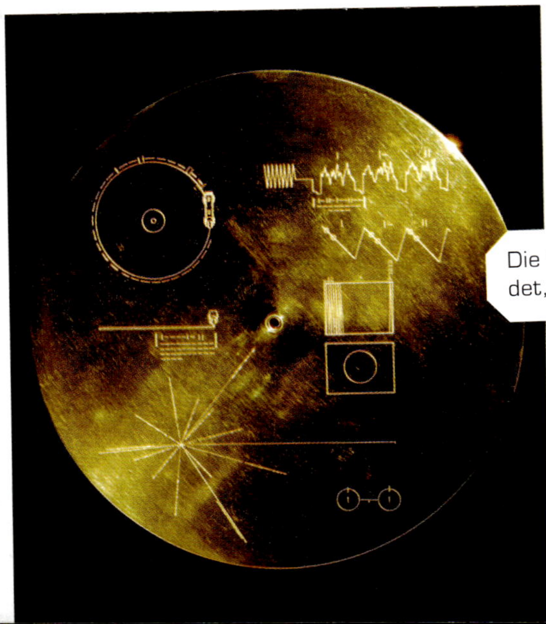

Die Voyager-Platten sind vergoldet, weil Gold nicht korrodiert.

13 m langer Ausleger des Magnetometers

Voyager 1

Jahr	1977 bis heute
Gewicht	773 kg
Höchstgeschwindigkeit	3,6 AE*/Jahr, 61 600 km/h
Leistung	0,47 kW (beim Start)
Antrieb	3 thermoelektrische Radioisotopengeneratoren

* Astronomische Einheit

Instrumente zum Messen und Erfassen von Magnetfeldern, Sonnenwind und interstellarem Wind, Nachweis von Teilchen und kosmischen Strahlen sowie Kameras

Energie in der Dunkelheit

Die Voyager-Sonden erzeugen Energie aus dem radioaktiven Zerfall von Plutonium 238. Dessen Halbwertszeit von 87,7 Jahren und der Bauteileverschleiß haben die verfügbare Energie auf 57 % verringert. Sie wird bis etwa 2020 reichen, wenn Voyager 1 zwanzig Milliarden Kilometer von der Sonne entfernt energielos weitertreiben wird.

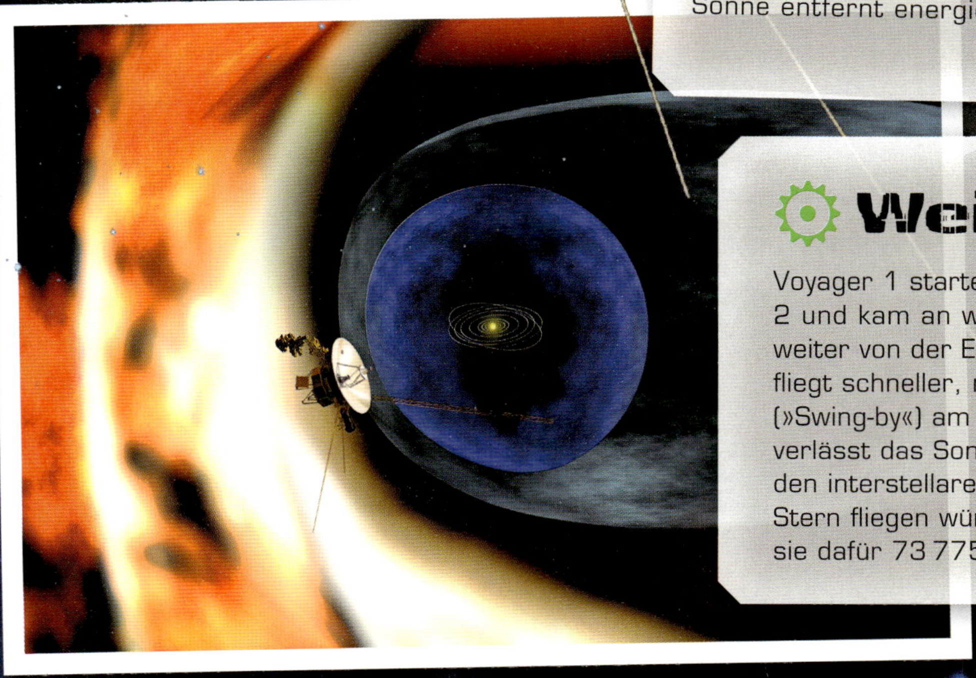

Weiter Weg

Voyager 1 startete wenige Tage nach Voyager 2 und kam an weniger Planeten vorbei. Sie ist weiter von der Erde entfernt als Voyager 2 und fliegt schneller, nachdem ein Gravitationsmanöver (»Swing-by«) am Saturn sie beschleunigt hat. Sie verlässt das Sonnensystem mit 61 350 km/h in den interstellaren Raum. Wenn sie zum nächsten Stern fliegen würde (was sie nicht tut), so würde sie dafür 73 775 Jahre benötigen.

Großes Raumfahrzeug

Internationale Raumstation

Das größte von Menschen gebaute Objekt im Weltraum ist die Internationale Raumstation ISS. Sie wird seit 1998 schrittweise aus Teilen zusammengesetzt, die mit Space Shuttles transportiert wurden.

Die ISS ist die neunte bemannte Raumstation und mit rund 80 m Länge und 450 Tonnen Gewicht die größte. Von der Erde aus kann man sie mit bloßem Auge sehen. Sie ist seit November 2000 dauerhaft bemannt, bis 2020 finanziert und könnte bis 2028 in Betrieb bleiben.

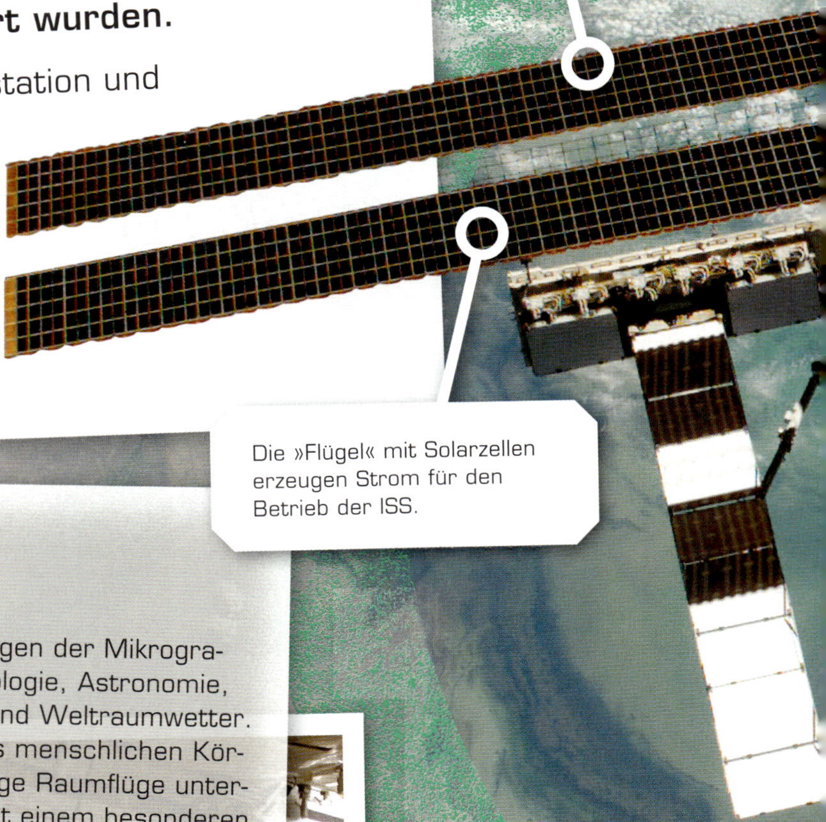

Die ISS umkreist die Erde jeden Tag 15,7-mal in einer Höhe zwischen 330 und 410 km.

Die »Flügel« mit Solarzellen erzeugen Strom für den Betrieb der ISS.

Arbeiten im Weltraum

Die ISS ermöglicht Experimente unter den Bedingungen der Mikrogravitation und des Weltraums. Dazu gehören Astrobiologie, Astronomie, Raumfahrtmedizin, Physik, Werkstoffwissenschaft und Weltraumwetter. Die Raumfahrtmedizin untersucht das Verhalten des menschlichen Körpers im All. Das ist notwendig, bevor Menschen lange Raumflüge unternehmen oder andere Planeten besiedeln können. Mit einem besonderen Detektor erforschen Wissenschaftler die geheimnisvolle Dunkle Materie.

Ein Astronaut führt an Bord der ISS Experimente durch.

Alltag im Weltraum

Die Astronauten leben mehrere Monate am Stück in der ISS. Ihre Schlafbereiche sind über die ganze Station verteilt. Statt Duschen verwendet man feuchte Lappen. Das Essen besteht aus Fertigmahlzeiten; Getränke und Suppe verzehrt man mit Trinkhalmen. Magneten halten das Besteck an den Metalltabletts, und bei den meisten Mahlzeiten verhindert Soße, dass Krümel durch die Station schweben.

Internationale Raumstation

Jahr	1998 bis heute
Gewicht	450 Tonnen (Endzustand)
Geschwindigkeit	27 743,8 km/h
Leistung	110 kW
Abmessungen	80 m Länge, 109 m Spannweite, 45 m Höhe

Die ISS besteht aus verschiedenen Modulen mit Labors, Steuerständen, Wohn- und Schlafbereichen, Lagerräumen und Ausrüstungen.

Transporte zur ISS

Astronauten und Ausrüstung gelangen mit kleineren Raumfahrzeugen zur ISS; Geräte und Vorräte häufig mit unbemannten Transportern. Die Raumfahrzeuge müssen in einem komplexen und genauen Manöver an der ISS andocken. Dazu müssen sie eine exakt definierte Lage zur Station haben. Große Federn dämpfen den Stoß der Berührung.

Erstes Touristen-Raumfahrzeug

SpaceShip Two

Würdest du gerne ins All fliegen? Mit SpaceShip Two (SS2) wird das möglich sein. Dieses »sub-orbitale Raumflugzeug« fliegt bis an die obere Grenze der Atmosphäre in 100 km Höhe, schwenkt aber nicht in eine Erdumlaufbahn ein.

Das für Virgin Galactic gebaute SS2 soll als erstes Raumfahrzeug zahlende Passagiere befördern. Sechs Passagiere und zwei Besatzungsmitglieder werden für wenige Minuten des zweieinhalbstündigen Fluges die Mikrogravitation spüren. Ein Flug kostet etwa 185 000 Euro.

Zum Bremsen schwenken die Leitwerke nach oben, um maximalen Widerstand zu erzeugen. Für den Gleitflug zur Landebahn schwenken sie wieder herunter.

SpaceShip Two

Jahr 2013

Höchstgeschwindigkeit
4200 km/h

Abmessungen
8,23 m Spannweite,
18,29 m Länge

Fest oder flüssig?

Flüssige Raketentreibstoffe sind meistens zwei unter hohem Druck verflüssigte Gase, oft Wasserstoff und Sauerstoff. Die Verbrennung ist kontrollierbar, das System ist aber komplex und teuer. Feststoffraketen sind einfacher und billiger, lassen sich jedoch wie ein Feuerwerk einmal gestartet nicht mehr abschalten. SpaceShip Two hat ein neues Hybridtriebwerk mit festem Brennstoff und flüssigem Oxidator. Einfach und billig wie ein Feststofftriebwerk, lässt es sich über die Sauerstoffzufuhr dennoch regeln.

Per Flugzeug ins All!

SpaceShip Two (SS2) wird von dem speziell konstruierten Trägerflugzeug WhiteKnight Two aus gestartet, das wie zwei Flugzeuge aussieht. SS2 hängt zwischen den 15 m auseinanderliegenden Rümpfen und wird in 15 km Flughöhe abgeworfen. Es zündet sein Raketentriebwerk, um auf über 100 km Höhe zu steigen. Zum Abstieg schwenkt es die Leitwerke nach oben und sackt wie ein Federball auf 24 km ab. Nach dem Herunterschwenken der Leitwerke gleitet SS2 zur Landebahn.

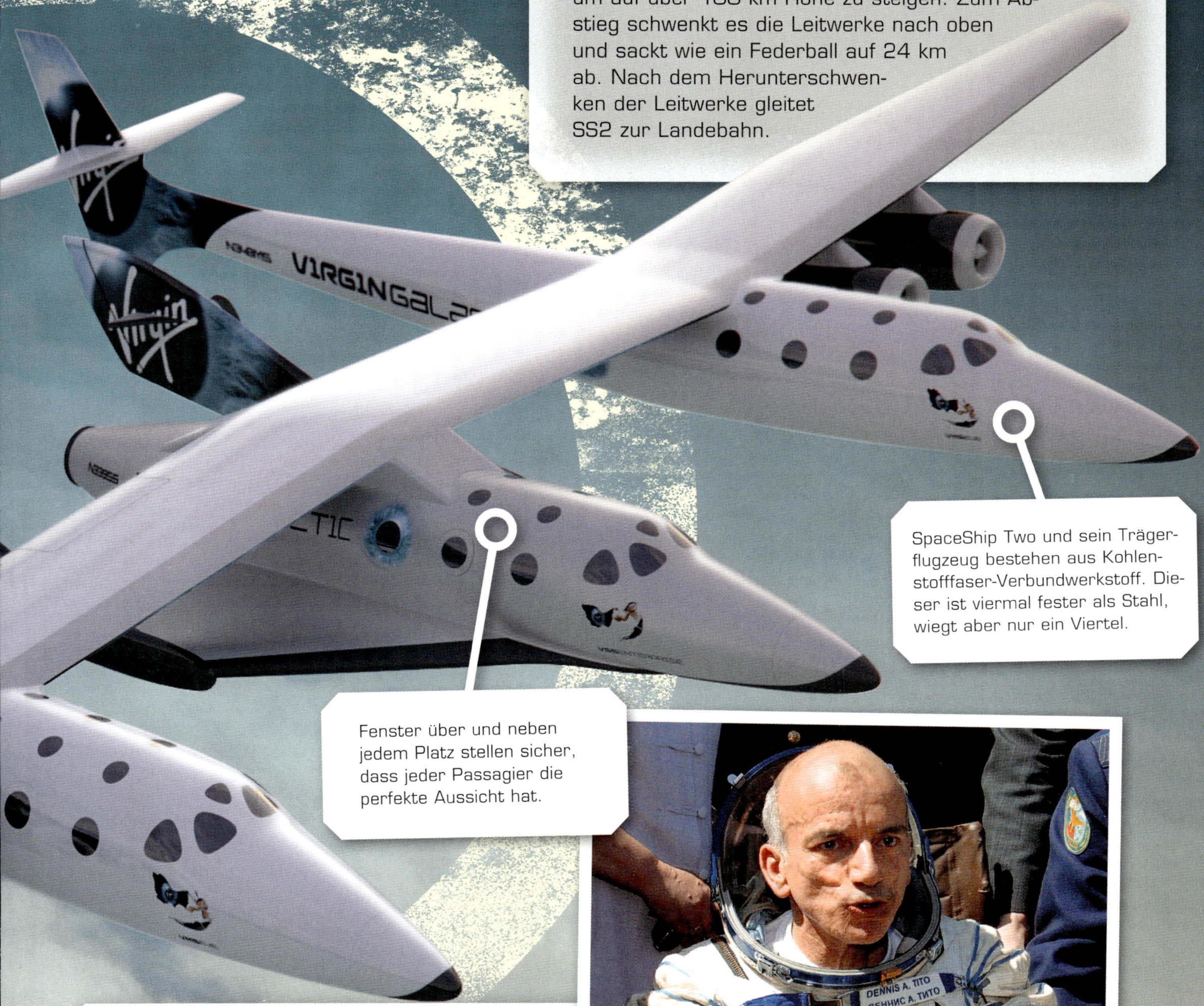

SpaceShip Two und sein Trägerflugzeug bestehen aus Kohlenstofffaser-Verbundwerkstoff. Dieser ist viermal fester als Stahl, wiegt aber nur ein Viertel.

Fenster über und neben jedem Platz stellen sicher, dass jeder Passagier die perfekte Aussicht hat.

Touristen im All

Dennis Tito war 2001 der erste private Raumfahrer. Er zahlte etwa 15 Millionen Euro und verbrachte fast acht Tage im All. Er flog mit einer russischen Besatzung zur ISS und führte dort einige Experimente durch.

Dennis Tito war der erste private Besucher der ISS.

Fahrzeuge der Zukunft

In den letzten 150 Jahren sind wir weit gekommen. Was werden wir in den nächsten 150 Jahren alles erreichen? Diese Fahrzeuge hier sind in Entwicklung oder wurden vorgeschlagen.

In einem Notfall würde man Wartungsschächte als Rettungsweg benutzen, in denen normaler Luftdruck herrscht.

Ein ganz neues Fliegen

Aeroscraft ist ein riesiges Luftschiff ganz neuer Art: Es erhält Auftrieb durch Helium (wie ein Luftschiff) und durch seine Form (wie ein Flugzeug). Die größte Version soll 453 Tonnen tragen können – 500-mal so viel wie das Bullet 580 (siehe Seite 92/93). Man könnte es für mehrtägige »Kreuzfahrten« einsetzen. Mit sechs nach unten gerichteten Mantelstrom-Strahltriebwerken kann es senkrecht starten und landen. In der Luft wird es von elektrischen Propellern am Heck angetrieben.

Das Aeroscraft: eine Mischung aus Luftschiff und Flugzeug

Vakuumzug

Ein Vakuumzug würde mit Magnetschwebetechnik in einer abgedichteten Röhre fahren. Dabei könnte er 6400 bis 8000 km/h erreichen – 2 km pro Sekunde! Das wäre fünf- bis sechsfache Schallgeschwindigkeit, doch in der luftleeren Röhre wäre kein Überschallknall zu hören. Durch Tunnel unter dem Meer könnten Züge Flugreisen ersetzen, weniger als eine Stunde würde eine Fahrt von New York nach London dauern. Die Röhren ließen sich auch aufgeständert über Städte hinweg führen. In China arbeiten Ingenieure an einem ersten Modell, das 1000 km/h erreichen soll.

Ein Magnetschwebezug könnte noch sehr viel schneller fahren als ein Zug mit Rädern auf Schienen. In der luftleeren Röhre bremst ihn kein Luftwiderstand.

Unter Wasser würden die Röhren mit Ankern am Boden festgemacht. An der Erdoberfläche könnte man sie aufständern.

Roboterautos

In Filmen gibt es selbstständig fahrende Autos schon seit Jahren. Die Universität Oxford hat einen Prototyp entwickelt, der sich mit dem iPad steuern lässt. Ein Laser tastet 13-mal pro Sekunde den vorausliegenden Bereich ab. Vor einem Hindernis oder Fußgänger bremst das Auto automatisch. Während einer normalen Fahrt erfassen Laser und Kameras die Strecke. Das Auto, ein umgebauter Nissan Leaf, »merkt« sie sich und kann die Fahrt alleine wiederholen. Mit nur etwa 6000 Euro ist die Navigationshilfe günstig genug, um bald verfügbar zu sein.

Es sieht ganz normal aus, aber dieses Auto fährt selbst!

Glossar

Airbag Ein Prallsack aus Gewebe, der sich beim Unfall eines Fahrzeugs sehr schnell aufbläst. Er schützt Fahrer und Mitfahrer, indem er verhindert, dass sie auf harte Objekte wie z. B. das Lenkrad prallen.

Airbox Motorradmotoren saugen Luft aus der Umgebung durch die Airbox ein, wo sie auf dem Weg zum Motor gefiltert wird.

Aufhängung Ein System aus Federn und Stoßdämpfern, mit dem die Räder an einem Fahrzeug angebracht sind. Eine gute Aufhängung macht die Fahrt komfortabler und die Beherrschung des Fahrzeugs für den Fahrer einfacher.

Ausleger Der Teil eines Bootes oder anderen Fahrzeugs, der seitlich aus dem Hauptteil herausragt. Ausleger verhindern für gewöhnlich ein Umkippen des Fahrzeugs.

Bilgewasser Die Bilge ist im Inneren eines Schiffes der tiefste Bereich, unter dem die beiden Seitenwände zusammentreffen. Dort sammelt sich aus den Decks ablaufendes Wasser. Wenn es nicht ab und zu abgepumpt wird, sinkt das Schiff.

Brennstoffzelle Wandelt chemische Energie in elektrischen Strom um und erzeugt dabei Wasser als »Abfallprodukt«. Lässt sich im Gegensatz zu einer nicht wiederaufladbaren Batterie neu befüllen.

Chassis Das innere Rahmenwerk, das ein Fahrzeug trägt. Es funktioniert ähnlich wie das Skelett eines Tieres.

Differenzial Ein Gerät, das das Drehmoment eines Motors aufteilt. Jeder Abtrieb kann sich mit einer anderen Drehzahl drehen, was z. B. bei den Rädern eines Autos nötig ist, wenn es um die Kurve fährt oder der Untergrund uneben ist.

Dolly Kurzer Anhänger mit Sattelkupplung; dient als Zwischenstück zwischen Zugmaschine ohne eigene Sattelkupplung und Anhänger bzw. zwischen weiteren Anhängern.

Drehgestell Ein in der Regel mehrachsiges, schwenkbares Fahrwerk unter einem Fahrzeug, z. B. einem Eisenbahnwagen. Drehgestelle können abnehmbar oder fest mit dem Fahrzeug verbunden sein.

Drehmoment Eine Angabe dafür, wie stark etwas gedreht wird. Eine Kraft kann (geradliniger) Zug oder Druck sein, das Drehmoment ist dagegen eine Drehung.

Druckspeicher In einem Hydrauliksystem der Speicher, in dem Flüssigkeit z. B. durch ein Gewicht, eine Feder oder verdichtetes Gas unter Druck gehalten wird.

Elektron Ein Teilchen (Bestandteil eines Atoms) mit einer negativen elektrischen Ladung.

Flybridge Ein offener Bereich oben auf einem Schiff, von dem aus man das gesamte Fahrzeug überblicken kann.

Gegengewicht Ein Gewicht, das ein anderes Gewicht ausgleicht. Es kann sinnvoll sein, um große Fahrzeuge oder Objekte gerade zu halten, z. B. damit ein Kran nicht umkippt.

Hochdecker Flugzeug, dessen Tragfläche sich über dem Rumpf befindet.

Höhenruder Die Klappen an einem Flugzeug, mit denen sich der Anstellwinkel, also die Bewegung um die Querachse des Flugzeugs (»Nicken«) beeinflussen lässt.

Hubraum Der gesamte Rauminhalt aller Zylinder eines Motors, angegeben in Litern oder cm^3. In den Zylindern bewegen sich die Kolben hin und her.

Hydraulik Der Einsatz von Flüssigkeiten als Mittel, um Kräfte von einem Teil einer Maschine zu einem anderen zu übertragen.

Ion Ein Atom oder Molekül, das eine positive oder negative elektrische Ladung hat, weil es ein oder mehrere Elektronen verloren oder erhalten hat.

Kevlar Eine feste und leichte Kunstfaser, die man mitunter zum Bau von Fahrzeugen verwendet. Sie besteht aus kurzen Einzelfasern, ähnlich wie Nylon.

Kiel Das zentrale, wichtigste Längsbauteil eines Schiffsrumpfes, gleichsam dessen Rückgrat. Der Kiel verringert das seitliche Abdriften und verhindert durch sein Ballastgewicht ein Kentern des Schiffes.

Kolben Ein zylinderförmiger Gegenstand, der in ein Rohr passt. Das Rohr enthält auch Flüssigkeit oder Gas, und wenn sich dieses Fluid bewegt, bewegt sich der Kolben mit. Dabei treibt der Kolben andere Bauteile (z. B. eine Kurbelwelle) an, um Energie an andere Teile des Motors zu übertragen.

Kreiseltechnik Wird bei Fahrzeugen eingesetzt, die sich durch Gewichtsverlagerung des Fahrers steuern lassen, wie z. B. Segway oder Uno.

Kurbelwelle Eine Welle (= Stange), die die lineare Hin- und Herbewegung eines Kolbens in einem Motor in die Drehbewegung zum Antrieb der Räder eines Fahrzeugs umwandelt.

Luftbremse Klappen, die ein Flugzeug ausfährt, um bei der Landung den Luftwiderstand zu erhöhen. Auch sehr schnelle Autos wie der Bugatti Veyron haben Luftbremsen.

Magnetschwebezug Ein Zug, der keine Räder benötigt. Der Zug schwebt über dem Fahrweg und wird durch starke Magnetfelder angetrieben und geführt.

Mikrogravitation Zustand annähernder Schwerelosigkeit.

Monocoque Bei einer »Ein-Hüllen«-Konstruktion ist die äußere Hülle ein lasttragender Teil des Aufbaus. Frühe Flugzeuge hatten einen inneren Rahmen, der mit einer dünnen Haut bespannt war. Die Monocoque-Konstruktion moderner Flugzeuge kommt ohne ein inneres »Skelett« aus.

Motorschirm Ein mit einem Motor ausgestattetes Gleitsegel.

Nutzlast Das gesamte Gewicht (von Ladung oder Passagieren), das ein Fahrzeug tragen kann.

Piezoelektrizität Elektrizität, die manche Feststoffe wie z. B. Kristalle erzeugen, wenn sie unter Druck stehen.

Pneumatik Der Einsatz eines Gases – in der Regel Luft – als Mittel, um Kräfte von einem Teil einer Maschine zu einem anderen zu übertragen.

Reibung Der Widerstand, den eine Oberfläche oder ein Objekt erfährt, wenn sie/es sich über ein(e) andere(s) bewegt.

Sattelzug Eine Zugmaschine und ein Auflieger, die mit einem drehbaren Gelenk verbunden sind. Durch das Gelenk lassen sich engere Kurven fahren als mit einem starren, durchgehenden Fahrzeug gleicher Länge.

Schmierstoff Eine Flüssigkeit, um die Reibung zwischen sich gegeneinander bewegenden Oberflächen zu vermindern. Die meisten Fahrzeugschmierstoffe basieren auf Öl.

Spektrometer Ein Instrument, mit dem sich die chemische Zusammensetzung eines Stoffes anhand seiner Wirkung auf Licht ermitteln lässt, das durch ihn hindurchgeht oder von ihm reflektiert wird.

Staustrahltriebwerk Eine Art von Strahltriebwerk, das mithilfe der Vorwärtsbewegung des Flugzeugs die einströmende Luft auf Unterschallgeschwindigkeit bremst und ohne Rotationsverdichter verdichtet.

Stoßdämpfer Eine mechanische Einrichtung, die die Rüttelbewegungen glättet oder dämpft, die z. B. ein Auto bei der Fahrt über Schlaglöcher erschüttern.

Tragschrauber Wie der Hubschrauber ein Drehflügler, dessen Vortrieb jedoch durch einen kleinen Propeller erfolgt. Wenn er in der Luft ist, sorgt der durch den Fahrtwind angetriebene Rotor für den Auftrieb. Ein Tragschrauber kann daher nicht senkrecht starten und landen.

Turbolader Ein Gerät, das zusätzliche Luft in einen Motor saugt, um den Kraftstoff schneller zu verbrennen und mehr Leistung zu erzeugen.

Turbostrahltriebwerk Ein Strahltriebwerk, in dem eine Einrichtung Luft verdichtet. Verdichtung der Luft sorgt in Verbrennungsmotoren für eine bessere Verbrennung.

Verbrennungsmotor Ein Motor, der mit einem Gemisch aus Kraftstoff und Luft arbeitet. Durch einen Zündfunken wird der Kraftstoff verbrannt, die erzeugte Energie treibt den Motor an.

Widerstand Eine Kraft, die wirkt, wenn ein Festkörper in einer Flüssigkeit oder einem Gas bewegt wird, z. B. wenn sich das Ruder eines Schiffes im Wasser bewegt.

Zündkerze Eine Einrichtung, die einen elektrischen Funken erzeugt, der in einem Verbrennungsmotor den Kraftstoff entzündet.

Bildnachweis

o = oben, u = unten, l = links, r = rechts, M = Mitte

2getthere.eu: 48u
Adam Cubito: 45tr
Airbus: 4o, 106l, 106r, 106–107
Alamy: /Chris Batson: 38–39, /Pierre BRYE: 68–69, /Barnie Rabbit/Demotix: 75o, /Kevin Foy: 58-59, /Imagebroker: 16–17, /Hideo Kurihara: 67or, /Richard McDowell: 14u, /Neville Prosser: 62–63, /RIA Novosti: 76ul, 76–77, /Howard Sayer: 39o, /Peter Stroh: 19r, /Dieter Wanke: 77ur
Andrzej Mirecki: 33ur
Bede Aircraft: 89ur
Bugatti: 20–21
Caterpillar: 70–71
Claus Halkjaer: 80–81
Cool Amphibious Manufacturers International LLC: /John and Julie Giljam: 46u
Corbis: 61, /Bettmann: 90–91, 93ur, /Dean Conger: 103o, /Sebastian Kahnert/dpa: 127u, /Alex Hofford/EPA: 87, /Anatoly Maltsev: 98, /Ed Oudenaarden/EPA: 97r /Martyn Goddard: 22b, /ImagineChina: 34M, /Popular Science: 90r, /Piotr Redlinski: 85or, /Reuters: 99o, /Noah K. Murray/Star Ledger: 39u, /Joe Baraban/Transtock: 61or
Earthrace: 86–87
Fraunhofer IVI: /Elke Sähn: 48–49
Getty Images: 10u, 11r, 26u, 26–27, 27r, 30, 51r, 52–53, 53or, 79, 88ul, 96, /AFP: 2o, 6, 23or, 35o, 37M, 41ur, 84–85, 88–89, /Bloomberg: 4u, 15or, 71r, 85ol, 85ur, /De Agostini: 104u, Gamma-Keystone: 110–111, /Hindustan Times: 21, /McClatchy-Tribune: 84ul, /Bruno Morandi: 56–57, /National Geographic: 51o, 105r, /Source Interlink Media: 31r, 101ur
Gibbs: 73o
Jamstec: 79
John Downer Productions: 97u
Lars Erik Fisk: 45ur
Marchi Mobile: 46–47
Mettle PR: 31o
Midnight Rider: 40–41
Midnight Sun Solar Rayce Car Team: 33–34
Moon Regan TransAntarctic Expedition: 50–51
NASA: 33or, 53r, 92–93, 102–103, 104–105, 108–109, 111o, 111ur, 112–113, 113u, 114–123 (alle Bilder)
Pal-v.com: 94ul
© Philip Kromer: 24–25
Photoshot: 100M
Rex Features: 2u, 41, 72–73, 77or, /Campbell-Bell Communications: 95or /W. Disney/Everett: 78ul, /Neale Haynes: 82l, /Rob Monk/Future Publishing: 10-11, /Ken McKay: 100–101, /MotorcycleMojo: 19u, /Newspix: 74–75, /Hammacher Schlemmer: 82–83, /SIPA Press: 60-61, 125ur, /Dan Sparham: 73, /Solent News: 18–19, /Andy Wilman: 44–45, /Worldwide Aeros: 126u
Science Photo Library: /NASA: 103, /Christophe Vander Eecken /Reporters: 97o
Shutterstock: 28–29
Flickr.com/photos/silva_d: /Silva Danielsson: 37o
© Swiss Federal Institute of Technology Zurich: 25u,
Tatanano.com: 9u
Top 1 Oil Products USA: 14–15,
Thinkstockphotos.com: 7r, 13o, 17or, 17ur, 43ur, 55or, 126–127
Terrafugia: 94–95
Universal Hovercraft: 83ur
Urban Aeronautics: 99r
Virgin Galactic: 124–125
Volkswagen: 22–23
Volvo: 28, 42u, 42–43,
Warby Motor Sport: 75u
Washington State Department of Transportation: 64–64
Wärtsilä: 8–9
Wiki Media Commons: 7l, 8u, 54–55, 57r, 58l, 66–67, 85oM, 93o, 107ur, 108, /Huangdan2060: 36u, /Tammy Powers: 61r
Yike Bike: 12

Es wurde jede Anstrengung unternommen, die Bildnachweise korrekt zu erstellen und die Copyright-Inhaber aller Bilder zu ermitteln. Der Originalverlag entschuldigt sich für alle unvollständigen Angaben und wird gegebenenfalls Korrekturen in zukünftigen Ausgaben vornehmen.